I0846116

Trennen Sie:
Ein Leitfaden für digitale Entgiftung und achtsames Leben

Geschrieben von Shwe Line

Herausgegeben vom Cornell-David Publishing House

Index

1. Bewerten Sie Ihre digitalen Gewohnheiten

2. Setzen Sie klare digitale Grenzen

3. Priorisieren Sie sinnvolle Verbindungen

4. Optimieren Sie Ihre digitale Umgebung

5. Umfassen Sie Achtsamkeit und Präsenz

6. Entwickeln Sie alternative Hobbys und Selbstpflegepraktiken

7. Seien Sie geduldig und mitfühlend mit sich selbst

Nachhaltiges digitales Wohlbefinden erreichen: Eine Reise zu einem achtsamen Leben

Digitales Wohlbefinden verstehen

Schritte zum digitalen Wohlbefinden

Achtsames Leben durch digitales Wohlbefinden erreichen

10. Nachhaltiges digitales Wohlbefinden erreichen: Eine Reise zu einem achtsamen Leben

A. Absichtliche Ziele setzen

B. Den digitalen Minimalismus und den achtsamen Konsum annehmen

C. Achtsame Kommunikation

D. Planung digitaler Entgiftungen

E. Schaffung einer gesünderen häuslichen Umgebung

F. Priorisierung von Wellness-Aktivitäten

G. Dankbarkeit und Reflexion kultivieren

H. Kontinuierliches Lernen und Anpassung

Haftungsausschluss für Urheberrechte und Inhalte:

Finanzielle Haftungsausschluss

Urheberrecht und andere Haftungsausschlüsse:

1. Einleitung: Die Notwendigkeit einer digitalen Entgiftung und eines achtsamen Lebens

Den digitalen Treibsand verstehen

Die Technologie hat sich schnell in jeden Aspekt unseres Lebens integriert. Was als Werkzeug für Effizienz und Komfort begann, ist mittlerweile zu unserem ständigen Begleiter geworden – so tief in unserer täglichen Routine verankert wie der Morgenkaffee oder das Zähneputzen. Und während es einst eine Zeit gab, in der die digitale Welt ein isolierter Teil unseres Lebens war, können die meisten Menschen heute keine Stunde – geschweige denn einen Tag – aushalten, ohne vernetzt zu sein. Dieser Wandel hin zu einem Leben, das ständig vernetzt ist, hat langsam und heimtückisch eine Landschaft der digitalen Abhängigkeit geschaffen – eine Landschaft, von der wir erst jetzt beginnen, zu begreifen, dass sie unser Leben auf weitaus tiefgreifendere Weise beeinflussen kann, als wir uns vorgestellt haben.

Für einige war die digitale Technologie in der Tat ein Segen – sie hilft uns, die Informationen zu finden, die wir brauchen, verbindet uns mit unseren Lieben aus der Ferne und bietet uns scheinbar grenzenlose Unterhaltungsmöglichkeiten. Aber je tiefer wir in diesem Kaninchenbau vordringen, desto mehr entdecken wir auch, dass unsere digitale Abhängigkeit möglicherweise eine dunkle Seite hat. Wir beginnen zu erkennen, dass die ständige Flut an Bildschirmzeit, Benachrichtigungen und digitalem Durcheinander schwerwiegende mentale, emotionale und sogar physische Folgen für genau die

Benutzer haben kann, für die diese Geräte entwickelt
wurden.

Dieses Buch, *„Unplug: A Guide to Digital Detox and Mindful
Living"*, ist als Gegenmittel zum modernen Tauziehen
zwischen unserem Wunsch, ein sinnvolles, erfülltes Leben
zu führen, und dem Reiz der ständig aktiven,
hypervernetzten digitalen Welt entstanden . Wir werden die
Gründe für unsere digitale Müdigkeit und die zugrunde
liegenden Ursachen unserer zwanghaften Gerätenutzung
mit allen damit verbundenen Nachteilen untersuchen.
Gemeinsam werden wir die Reise beginnen, die Kontrolle
über unser Leben zurückzugewinnen, im digitalen Zeitalter
ein Gleichgewicht zu finden und die Vorteile eines
achtsamen, unplugged-Lebens zu erleben.

Einige Hauptziele, die dieses Buch ansprechen möchte,
sind:

- **Identifizieren der Gründe für die digitale Sucht** :
  Erkennen der psychologischen und sozialen
  Faktoren, die unsere moderne Geräteabhängigkeit
  antreiben, und verstehen, wie sie in unserer Kultur so
  tief verwurzelt ist, dass wir sie kaum noch als
  Problem erkennen.
- **Erforschung der Folgen der digitalen
  Überlastung** : Analyse der negativen Auswirkungen
  der digitalen Abhängigkeit auf unser geistiges
  Wohlbefinden, unsere emotionale Gesundheit,
  zwischenmenschliche Beziehungen und unsere
  allgemeine Lebenszufriedenheit.
- **Erstellen eines digitalen Entgiftungsplans** :
  Darstellung der verschiedenen Ansätze zur digitalen
  Entgiftung, zugeschnitten auf unterschiedliche
  Abhängigkeitsgrade, und Bereitstellung von
  Vorschlägen für die Festlegung gesunder Grenzen
  im Umgang mit Technologie.

- **Einführung in Achtsamkeitspraktiken** : Einschließlich verschiedener formeller und informeller Achtsamkeitstechniken, die dabei helfen können, ein Gleichgewicht zu finden, das Selbstbewusstsein zu stärken und die allgemeine geistige und emotionale Gesundheit zu fördern.
- **Integration digitaler Achtsamkeit in den Alltag** : Vermittlung praktischer Tipps und Strategien zur Aufrechterhaltung einer bewussten und bewussten Beziehung zur Technologie, wobei die Bedeutung der Pflege achtsamer Gewohnheiten für ein nachhaltiges digitales Gleichgewicht hervorgehoben wird.

Wenn wir uns auf diese Reise begeben, ist es wichtig zu verstehen, dass das Ziel dieses Buches nicht darin besteht, die Technologie zu verunglimpfen oder die digitale Welt zu dämonisieren. Die Absicht besteht vielmehr darin, das Bewusstsein zu fördern und zu einer kritischen Auseinandersetzung mit unserem Verhältnis zur Technologie anzuregen. Auf diese Weise können wir nachhaltige Praktiken entwickeln, um die Kontrolle zurückzugewinnen und die besten Aspekte unserer digitalen Tools optimal zu nutzen und gleichzeitig die negativen Folgen zu minimieren, die sie möglicherweise auf unser Leben haben.

Wir hoffen, dass Sie sich auf Ihrem Weg gestärkt fühlen, wenn wir uns mit den verschiedenen Facetten der digitalen Entgiftung und des achtsamen Lebens befassen, und dass Sie die Freiheit und Freude genießen, die sich daraus ergeben können, den Würgegriff der Technologie loszulassen, der Ihr Leben fest im Griff hat. Willkommen auf dem Weg zu mehr Frieden, Ausgeglichenheit und Erfüllung. Willkommen bei „Unplug: Ein Leitfaden für digitale Entgiftung und achtsames Leben."

Der moderne Zustand: Überstimulation und Trennung

In der heutigen schnelllebigen Welt hat die Technologie die Art und Weise, wie wir leben, arbeiten und kommunizieren, erheblich verändert. Die digitalen Geräte, die wir täglich nutzen, wie etwa unsere Smartphones, Tablets und Laptops, haben uns einen beispiellosen Zugang zu Informationen, Unterhaltung und sozialen Verbindungen ermöglicht. Während diese Fortschritte unglaublich positiv und nützlich sein können, haben sie auch zu einer Reihe neuer und herausfordernder Probleme für unser geistiges und emotionales Wohlbefinden geführt.

Es ist kein Geheimnis, dass unsere Gesellschaft vernetzter ist als je zuvor. Über Social-Media-Plattformen, Video-Chats und Textnachrichten können wir mit Freunden und Familie auf der ganzen Welt kommunizieren. Oberflächlich betrachtet scheint diese erhöhte Konnektivität eine positive Entwicklung zu sein – wer möchte schließlich nicht mit seinen Lieben in Kontakt bleiben und über aktuelle Ereignisse und Ereignisse auf der ganzen Welt informiert werden? Unter dieser Schicht wahrgenommener globaler Intimität verbirgt sich jedoch für viele Menschen eine harte Realität: ein Gefühl der Trennung, Einsamkeit und Distanz sowohl zur physischen Welt als auch zur echten menschlichen Interaktion.

Einer der Hauptgründe für dieses Gefühl der Trennung ist die ständige Flut digitaler Reize, denen wir täglich ausgesetzt sind. Unser Gehirn ist dazu programmiert, auf neue Informationen zu reagieren, und da unzählige Apps, Benachrichtigungen und Nachrichten nach unserer Aufmerksamkeit verlangen, kann es leicht passieren, dass wir überfordert und abgelenkt werden. Dieser ständige

Zustand der Überstimulation kann zu einer Vielzahl von Problemen führen, darunter hohem Stress, Angstzuständen und Depressionen.

Darüber hinaus hat unsere Abhängigkeit von digitalen Geräten für die zwischenmenschliche Kommunikation zu einer Verschlechterung der Qualität unserer Beziehungen und persönlichen Interaktionen geführt. Wir haben vielleicht Hunderte von Freunden auf Facebook und einen lebhaften Gruppenchat auf WhatsApp, aber würden wir die Menschen hinter den Bildschirmen erkennen, wenn wir ihnen auf der Straße begegnen würden? Es sind diese echten Verbindungen ohne Technologie, die in unserem Leben einen immensen und unterschätzten Wert haben.

Heute ist es wichtiger denn je, die potenziellen negativen Auswirkungen zu erkennen und anzugehen, die Technologie auf unsere psychische Gesundheit, unsere Beziehungen und unsere allgemeine Lebensqualität haben kann. Hier kommt das Konzept des Digital Detox und des achtsamen Lebens ins Spiel. Diese Ideen bieten uns die Möglichkeit, unsere Beziehung zur Technologie zu bewerten, unsere Prioritäten neu zu setzen und in tiefgreifende, bedeutungsvolle Verbindungen zu investieren, sowohl mit anderen als auch mit uns selbst.

Digitale Entgiftung

Unter einer digitalen Entgiftung versteht man die bewusste Reduzierung oder vollständige Entfernung elektronischer Geräte und des digitalen Konsums für einen vorher festgelegten Zeitraum. Diese Praxis ermöglicht es dem Einzelnen, sich von der Flut digitaler Reize zu distanzieren und sich darauf zu konzentrieren, sich wieder mit seiner Umgebung, seinen Gedanken und Emotionen zu verbinden. Indem wir uns eine Pause vom ständigen Lärm der digitalen Welt gönnen, können wir unser geistiges Wohlbefinden

verbessern, unsere Konzentration und Produktivität steigern
und das entscheidende Gleichgewicht wiederherstellen, das
in unserem Leben oft fehlt.

Zu den potenziellen Vorteilen einer digitalen Entgiftung
gehören:

- Reduzierter Stress und Angstzustände
- Verbesserte Schlafmuster und -qualität
- Erhöhte Konzentration und Aufmerksamkeitsspanne
- Erhöhte Kreativität und Problemlösung
- Verbesserte körperliche Gesundheit und
  Wohlbefinden
- Gestärkte persönliche Beziehungen

Achtsames Leben

Während sich die digitale Entgiftung auf die
vorübergehende Beseitigung digitaler Einflüsse
konzentriert, ist ein achtsames Leben ein langfristigerer
Ansatz, um Ausgeglichenheit und Wohlbefinden in unserem
Leben zu erreichen. Achtsamkeit ist die Praxis, ganz im
Augenblick präsent zu sein und sich unserer Gedanken,
Gefühle und Empfindungen bewusst zu sein, ohne zu
urteilen. Indem wir Achtsamkeit in unser tägliches Leben
integrieren, können wir unsere emotionale Intelligenz und
unsere Fähigkeit, mit Stress umzugehen, verbessern,
tiefere Verbindungen zu anderen fördern und ein größeres
Selbstbewusstsein entwickeln.

Einige Strategien, um ein achtsames Leben in Ihr Leben zu
integrieren, sind:

- Praktizieren von Meditation und tiefen Atemübungen
- Dankbarkeit kultivieren und Wertschätzung für die
  kleinen Dinge zum Ausdruck bringen

- Nehmen Sie an Aktivitäten teil, die Ihr körperliches, emotionales und geistiges Wohlbefinden fördern
- Priorisieren Sie persönliche Interaktionen mit Ihren Lieben
- Setzen Sie Grenzen für den Technologieeinsatz und integrieren Sie digitale Entgiftungsphasen

Die Kombination aus digitaler Entgiftung und achtsamem Leben bietet eine praktikable Lösung für die Herausforderungen, denen wir in unserer modernen, technologiegetriebenen Welt gegenüberstehen. Indem wir uns dazu verpflichten, die Notwendigkeit eines Gleichgewichts in unserem Leben zu erkennen, unsere persönliche Abhängigkeit von Technologie einzuschätzen und Achtsamkeit zu praktizieren, können wir die wesentlichen menschlichen Verbindungen wiederentdecken, die unserem Leben Sinn und Erfüllung verleihen.

Der überwältigende Einfluss der Technologie auf unser Leben

In der heutigen schnelllebigen digitalen Welt sind wir ständig vernetzt und werden mit Informationen überschwemmt. Vom Moment des Aufwachens bis zu dem Zeitpunkt, an dem unser Kopf das Kissen berührt, haben wir Zugang zu einem endlosen Strom an Informationen, Unterhaltung und Kommunikation. Diese ständige Konnektivität hat zahlreiche Vorteile und Chancen mit sich gebracht, aber auch neue Herausforderungen für unsere geistige Gesundheit und unser allgemeines Wohlbefinden mit sich gebracht. Während wir uns in diesem digitalen Zeitalter bewegen, wird es immer wichtiger, die Notwendigkeit einer digitalen Entgiftung zu erkennen und achtsame Lebenspraktiken zu kultivieren.

Die negativen Auswirkungen der digitalen Überlastung

Technologie hat unser Leben wirklich revolutioniert, aber gleichzeitig ist unsere Abhängigkeit davon exponentiell gewachsen. Aktuelle Studien haben gezeigt, dass übermäßige Zeit vor dem Bildschirm und die ständige Verbindung mit digitalen Geräten negative gesundheitliche Folgen haben können, sowohl geistig als auch körperlich.

- **Psychische Gesundheit:** Längerer Kontakt mit Bildschirmen und digitaler Stimulation wird mit erhöhtem Angst-, Depressions- und Stressniveau in Verbindung gebracht. Dies kann zum Teil auf die Natur der sozialen Medien zurückzuführen sein, in denen wir dazu neigen, uns mit anderen zu vergleichen, oder auf die Reizüberflutung und die ständige Informationsflut.
- **Körperliche Gesundheit:** Übermäßige Zeit vor dem Bildschirm kann sich auch negativ auf unser körperliches Wohlbefinden auswirken. Viele Stunden am Bildschirm zu sitzen kann zu einem sitzenden Lebensstil führen, der zu Fettleibigkeit, Herzerkrankungen und anderen chronischen Erkrankungen führen kann. Darüber hinaus kann das lange Starren auf Bildschirme unsere Augen belasten und zu Augenermüdung, Trockenheit und Unwohlsein führen.
- **Schlafqualität:** Unsere Belastung durch Bildschirme, insbesondere spät in der Nacht, kann unseren natürlichen Schlaf-Wach-Rhythmus beeinträchtigen und zu schlechter Schlafqualität und gestörten Schlafmustern führen. Studien zufolge unterdrückt das von Bildschirmen ausgestrahlte blaue Licht Melatonin, das Hormon, das den Schlaf reguliert, was das Ein- und Durchschlafen erschwert.

- **Beziehungen:** Ständige Konnektivität kann sich auch auf unsere Beziehungen zu anderen auswirken. Anstatt sinnvolle persönliche Interaktionen zu führen, greifen Menschen häufig auf Textnachrichten oder Kontakte über soziale Medien zurück. Dieser Mangel an persönlicher Interaktion kann zu Gefühlen der Einsamkeit und Isolation führen, obwohl wir scheinbar stärker verbunden sind als je zuvor.

Das Gleichgewicht wiederfinden: Die digitale Entgiftung

Um diesen negativen Auswirkungen entgegenzuwirken und unser Leben wieder ins Gleichgewicht zu bringen, ist eine digitale Entgiftung notwendig. Eine digitale Entgiftung ist die bewusste Trennung von digitalen Geräten und die Begrenzung der Bildschirmzeit, damit sich unser Geist und Körper von der digitalen Überlastung erholen können. Es geht nicht darum, völlig auf Technologie zu verzichten, sondern einen achtsamen und bewussten Umgang mit digitalen Geräten zu entwickeln.

Während einer digitalen Entgiftung trennen wir uns von unseren Geräten und nehmen an Aktivitäten teil, die unser Wohlbefinden fördern, unsere Beziehungen bereichern und das persönliche Wachstum fördern. Dazu kann gehören, Zeit in der Natur zu verbringen, zu meditieren, sich kreativ zu betätigen oder einfach bedeutungsvolle, ununterbrochene Gespräche mit geliebten Menschen zu führen.

Achtsames Leben annehmen

Achtsames Leben ist ein wesentliches Element einer digitalen Entgiftung, da es uns dazu ermutigt, präsenter und bewusster mit unserer Zeit und Energie umzugehen. Indem wir Achtsamkeit praktizieren, können wir unseren digitalen Konsum besser verwalten und bewusstere Entscheidungen darüber treffen, wie wir mit Technologie interagieren.

Zu den Schlüsselelementen eines achtsamen Lebens gehören:

- **Grenzen setzen:** Das Setzen klarer Grenzen mit unseren Geräten kann einen großen Beitrag zur Förderung gesünderer Gewohnheiten leisten. Dies kann bedeuten, bestimmte Zeiten für das Abrufen von E-Mails oder sozialen Medien festzulegen, die Bildschirmzeit vor dem Schlafengehen zu begrenzen oder tagsüber gerätefreie Zeiten einzuplanen.
- **Priorisierung der Selbstfürsorge:** Da wir unsere Bildschirmzeit verkürzen, ist es wichtig, unsere körperliche, emotionale und geistige Gesundheit zu fördern. Dies kann Bewegung, kreative Hobbys, Meditation oder andere Aktivitäten umfassen, die unser Wohlbefinden fördern.
- **Dankbarkeit kultivieren:** Auch wenn es leicht ist, sich in den negativen Aspekten der Technologie zu verlieren, bedeutet ein achtsames Leben auch, die positiven Aspekte anzuerkennen, die sie unser Leben bereichert. Indem wir unsere Dankbarkeit für die Annehmlichkeiten und Möglichkeiten der Technologie zum Ausdruck bringen, können wir eine ausgewogenere Perspektive schaffen.

Zusammenfassend lässt sich sagen, dass die Integration von Digital Detox und achtsamen Lebenspraktiken in unseren Alltag uns dabei helfen kann, die Komplexität des digitalen Zeitalters zu meistern und die Kontrolle über unser Wohlbefinden zurückzugewinnen. Indem wir bewusster mit unserer Zeit, Energie und Aufmerksamkeit umgehen, können wir ein ausgeglicheneres und erfüllteres Leben in dieser ständig vernetzten Welt schaffen.

Das digitale Zeitalter und unsere übermäßige Abhängigkeit von Technologie

Das digitale Zeitalter hat unzählige Fortschritte mit sich gebracht, die unser Leben zweifellos komfortabler, vernetzter und effizienter gemacht haben. Diese große Leistung für die Menschheit hat jedoch auch einige Herausforderungen für unser geistiges, emotionales und körperliches Wohlbefinden mit sich gebracht. Unsere Abhängigkeit von Technologie – Smartphones, Computern und verschiedenen Gadgets – hat die Art und Weise, wie wir leben, arbeiten, kommunizieren und mit anderen interagieren, verändert und es immer schwieriger gemacht, ein Gleichgewicht zwischen unserem digitalen und Offline-Leben zu finden.

Der ständige Erhalt von Benachrichtigungen, die ständige Verbindung und das weit verbreitete Phänomen FOMO (Fear Of Missing Out) haben zu einem zwanghaften Bedürfnis geführt, mit unseren Geräten in Kontakt zu bleiben und ständig unseren Status, E-Mails, Nachrichten und die Präsenz in den sozialen Medien zu überprüfen und zu aktualisieren. Dieses Muster führt dazu, dass viele darum kämpfen, ein gesundes Gleichgewicht zu finden, und setzt ein ungesundes Netz zwanghafter Auseinandersetzung mit Technologie fort.

Die Auswirkungen der übermäßigen Nutzung von Technologie

Der übermäßige Einsatz von Technologie führt nicht nur zu einem Produktivitätsrückgang und einem verstärkten Aufschieben; Seine Auswirkungen gehen tiefer und können

eine Vielzahl von Lebensaspekten beeinflussen, die für
unser Wohlbefinden wesentlich sind.

1. **Psychische Gesundheit:** Die ständige Verbindung
   über Bildschirme kann Angstgefühle, Depressionen
   und Einsamkeit verstärken. Der Vergleich mit
   anderen in den sozialen Medien und die Suche nach
   Bestätigung durch „Gefällt mir"-Angaben kann sich
   negativ auf das Selbstwertgefühl auswirken, das
   geringe Selbstwertgefühl verstärken und sogar zu
   einem Gefühl der Isolation von der realen Welt
   führen.
2. **Körperliche Gesundheit:** Stundenlanges Sitzen am
   Bildschirm bedeutet stundenlange Inaktivität, und ein
   inaktiver Lebensstil kann zu verschiedenen
   Gesundheitsproblemen führen, darunter
   Fettleibigkeit, Herz-Kreislauf-Erkrankungen und
   Muskel-Skelett-Probleme. Darüber hinaus kann eine
   übermäßige Zeit vor dem Bildschirm negative
   Auswirkungen auf den Schlaf haben, was wiederum
   einen Schneeballeffekt auf unser allgemeines
   Wohlbefinden haben kann.
3. **Beziehungen:** Unsere Sucht nach Bildschirmen
   kann Distanz schaffen, wenn wir die persönliche
   Kommunikation durch digitalen Austausch ersetzen.
   Diese Distanz zur Realität kann es schwieriger
   machen, Empathie, aktives Zuhören und gute
   Beziehungen zu fördern.
4. **Work-Life-Balance:** Wenn es darum geht, Grenzen
   zu setzen und Work-Life-Balance zu erreichen, kann
   dies zu Burnout, verminderter Effizienz und
   letztendlich zur Unzufriedenheit am Arbeitsplatz
   führen. Übermäßiger Einsatz von Technologie
   beeinträchtigt unsere Fähigkeit, uns in der Freizeit
   von den beruflichen Verpflichtungen zu lösen und
   unserem Geist die Pause zu gönnen, die er verdient.

5. **Aufmerksamkeit und Konzentration:** Multitasking zwischen verschiedenen digitalen Kanälen und Geräten kann unsere Fähigkeit zur fokussierten Aufmerksamkeit beeinträchtigen. Dieser verstreute Ansatz wirkt sich nachhaltig auf unsere Fähigkeit aus, uns auf anstehende Aufgaben zu konzentrieren, und beeinträchtigt letztendlich unsere kognitive, akademische und berufliche Leistung.

Digitale Entgiftung und achtsames Leben: Eine mögliche Lösung

Die Antwort auf diese Probleme liegt in der Erkenntnis, dass wir im digitalen Zeitalter erfolgreich sein können, wenn wir uns gleichzeitig der Idee der digitalen Entgiftung und eines achtsamen Lebens verpflichten, bei dem wir uns bewusst bemühen, regelmäßig die Verbindung zu unseren Geräten zu trennen und uns auf unsere reale Umgebung einzulassen.

Beim Digital Detox geht es nicht um einen kompletten Technologieverzicht, sondern vielmehr um die bewusste Integration der Technologienutzung in unseren Alltag. Es geht darum, klare Grenzen zu setzen, Pausen von digitalen Ablenkungen einzulegen und Selbstfürsorge und echte Verbindungen zu anderen in den Vordergrund zu stellen.

Indem wir digitale Entgiftungen in unser Leben integrieren, können wir beginnen, das Gleichgewicht wiederherzustellen und einen Raum für Achtsamkeit, Reflexion und Selbstfindung zu schaffen. Achtsames Leben erfordert, mit unserem Innenleben in Kontakt zu sein, im gegenwärtigen Moment präsent zu sein und ihn wertzuschätzen und uns die Möglichkeit zu geben, uns von der digitalen Welt zu lösen, damit wir uns um unsere realen Bedürfnisse, Wünsche und Betrachtungen kümmern können.

In den folgenden Kapiteln werden wir uns eingehender mit den potenziellen Gefahren unseres digitalen Lebens befassen und Sie bei der digitalen Entgiftung anleiten, indem wir verschiedene praktische Methoden, Gewohnheiten und Lebensstilanpassungen hervorheben, die Sie integrieren können, um eine gesündere Beziehung zur Technologie zu erreichen. Diese Veränderungen werden es Ihnen letztendlich ermöglichen, die Vorteile des digitalen Zeitalters zu nutzen und gleichzeitig Ihr geistiges, emotionales und körperliches Wohlbefinden zu bewahren. Jetzt ist es an der Zeit, den Netzstecker zu ziehen und in ein achtsameres und ausgeglicheneres Leben einzusteigen.

1.1 Die digitale Welt und ihre Auswirkungen auf unser Leben verstehen

Mit Beginn des 21. Jahrhunderts ist unser Leben zunehmend mit der digitalen Welt verflochten; Manchmal fühlt es sich an, als ob wir ständig mit unseren Geräten verbunden wären. Smartphones, Tablets und Computer sind Teil unseres Alltags und bieten uns eine Fülle von Informationen, die wir immer zur Hand haben, sodass wir effizienter arbeiten und mit Familie, Freunden und Kollegen auf der ganzen Welt in Verbindung bleiben können. Doch obwohl die Technologie zweifellos die Art und Weise, wie wir leben und kommunizieren, verändert hat, birgt sie auch potenzielle Gefahren für unser emotionales, geistiges und körperliches Wohlbefinden.

1.1.1 Die digitale Überlastung

In einer Zeit, in der wir über unbegrenzte Möglichkeiten der Kommunikation und sozialen Interaktion verfügen, ist es erstaunlich leicht, sich in der digitalen Welt zu verlieren, was zu dem führt, was man als „Digital Overload" bezeichnen kann – einem Phänomen, das durch einen ständigen Zufluss von Informationen, das Unendliche, gekennzeichnet ist Sie müssen über soziale Medien und eine ständig wachsende Liste ungelesener E-Mails auf dem Laufenden bleiben. Diese digitale Überlastung hat bei Erwachsenen und Kindern zu einem ständigen Gefühl von Stress, Angst und Müdigkeit geführt, was zu einem Gefühl der Überwältigung durch die digitale Lawine führt, die scheinbar unser Leben erfasst hat.

Die ständige Informationsflut und die Notwendigkeit, mit allem, was in der Online-Welt passiert, Schritt zu halten, sind nicht nur geistig anstrengend, sondern können auch dazu führen, dass wir uns emotional unzufrieden fühlen. Studien haben gezeigt, dass unrealistische Vergleiche mit anderen auf Social-Media-Plattformen zu Gefühlen der Unzulänglichkeit und Unzufriedenheit führen, unser Selbstwertgefühl beeinträchtigen und in manchen Fällen sogar zu Depressionen führen können.

Ständige Konnektivität hat auch unseren Schlafrhythmus gestört und zu Schlaflosigkeit und anderen schlafbezogenen Problemen geführt. Das von Bildschirmen ausgestrahlte blaue Licht unterdrückt die Produktion von Melatonin – dem Hormon, das unseren Schlaf- und Wachzyklus steuert. Die Folge ist eine verminderte Schlafqualität, sodass wir uns ständig müde fühlen und uns nicht mehr voll auf die anstehenden Aufgaben konzentrieren können.

1.1.2 Die Auswirkungen auf Beziehungen und soziale Fähigkeiten

Unsere digitale Abhängigkeit hat nicht nur die Art und Weise verändert, wie wir mit unseren Geräten interagieren, sondern auch untereinander. Durch Textnachrichten, E-Mails und Instant Messaging sind persönliche Gespräche – einst die Bausteine zwischenmenschlicher Beziehungen – deutlich zurückgegangen. Diese Erosion der persönlichen Kommunikation hat zu einer Gesellschaft geführt, in der sich Menschen oft getrennt und einsam fühlen, selbst wenn sie von Menschen umgeben sind, die physisch anwesend sind.

Kinder, die im digitalen Zeitalter aufwachsen, sind für diesen Wandel besonders anfällig, da sie noch nie eine Zeit ohne ständige Konnektivität erlebt haben. Folglich mangelt es ihnen möglicherweise an wesentlichen sozialen Fähigkeiten wie Empathie und der Fähigkeit, ein Gespräch zu führen, die für den Aufbau und die Aufrechterhaltung gesunder persönlicher Beziehungen erforderlich sind.

1.1.3 Die Notwendigkeit einer digitalen Entgiftung und eines achtsamen Lebens

Da diese alarmierenden Folgen nun langsam zum Vorschein kommen, ist es für den Einzelnen unerlässlich geworden, sich von seinen digitalen Geräten zu trennen und mit sich selbst und den Menschen um ihn herum in Kontakt zu treten. Hier setzt das Konzept des „Digital Detox" an – eine Zeit, in der man sich von digitalen Geräten trennt, um Stress abzubauen und sich auf andere Aspekte des Lebens zu konzentrieren.

Die Erstellung eines umfassenden digitalen Entgiftungsplans und die Integration achtsamer Lebenspraktiken in unser tägliches Leben hilft nicht nur dabei, sich aus dem unerbittlichen Griff der digitalen Welt zu befreien, sondern fördert auch eine erfülltere Beziehung zu uns selbst, anderen und der realen Welt um uns herum .

In den folgenden Kapiteln werden wir verschiedene Methoden zur Umsetzung einer digitalen Entgiftung besprechen, beispielsweise das Setzen von Grenzen für die Gerätenutzung und die Etablierung von Routinen und Ritualen, die dabei helfen, die Zeit vor dem Bildschirm zu verkürzen. Darüber hinaus werden wir uns mit der Praxis des achtsamen Lebens befassen, die darin besteht, in jedem Aspekt unseres Lebens präsenter, selbstbewusster und konzentrierter zu werden.

Diese Reise der digitalen Entgiftung und des achtsamen Lebens geht weiter; Manchmal mag es eine Herausforderung sein, aber die Belohnung einer besseren geistigen, emotionalen und körperlichen Gesundheit, gepaart mit verbesserten Beziehungen und einer verbesserten Lebensqualität, ist die Mühe wert.

Mit den Seiten von „Unplug: A Guide to Digital Detox and Mindful Living" hoffen wir, Ihnen dabei zu helfen, die Balance zwischen der digitalen und der realen Welt zu finden, und Sie dazu zu ermutigen, die Kunst zu erlernen, abzuschalten und sich wieder mit dem zu verbinden, was wirklich wichtig ist.

2. Digitale Überlastung verstehen: Anzeichen und Symptome

2.1 Erkennen der Anzeichen und Symptome einer digitalen Überlastung

Da unser digitales Leben immer wichtiger wird, müssen wir lernen, wie wir unser Online- und Offline-Leben in Einklang bringen können. Einer der Schlüssel dazu ist zu verstehen, wann Sie den Punkt der digitalen Überlastung erreicht haben. Digitale Überlastung ist ein Phänomen, bei dem eine Person aufgrund der übermäßigen Nutzung digitaler Geräte oder Online-Aktivitäten geistig, emotional und/oder körperlich erschöpft ist.

Die Anzeichen und Symptome einer digitalen Überlastung können sich auf verschiedene Weise manifestieren und nicht nur unsere Lebensqualität, sondern auch unsere Beziehungen und unsere allgemeine Gesundheit beeinträchtigen. Damit Sie die Anzeichen einer digitalen Überlastung bei sich selbst und Ihren Mitmenschen erkennen können, haben wir nachfolgend eine Liste häufiger Symptome zusammengestellt:

2.1.1 Körperliche Symptome

- **Überanstrengung der Augen** : Eine übermäßige Bildschirmzeit kann zu Trockenheit, Reizung und Überanstrengung der Augen führen. Wenn bei Ihnen diese Symptome auftreten, ist es wichtig, häufige Pausen einzulegen und die 20-20-20-Regel zu befolgen (alle 20 Minuten 20 Sekunden lang auf etwas in 20 Fuß Entfernung schauen).
- **Nacken-, Rücken- und Schulterschmerzen** : Der ständige Blick nach unten auf Ihre Geräte kann zu einer schlechten Körperhaltung führen, was zu Beschwerden und Verspannungen im Nacken, Rücken und den Schultern führen kann.

- **Karpaltunnelsyndrom** : Übermäßiger Gebrauch
  digitaler Geräte kann die Handgelenke belasten und
  ein Karpaltunnelsyndrom verursachen, eine
  schmerzhafte Erkrankung, die durch die
  Kompression des Nervus medianus im Handgelenk
  verursacht wird.
- **Schlafstörung** : Häufiger Bildschirmkontakt,
  insbesondere kurz vor dem Schlafengehen, kann
  den Schlafrhythmus beeinträchtigen und zu
  schlechtem oder unzureichendem Schlaf führen.

2.1.2 Emotionale Symptome

- **Angstzustände und Depressionen** : Eine
  übermäßige Abhängigkeit von digitalen Geräten und
  sozialen Medien kann zu Angst- und
  Depressionsgefühlen führen, da Sie möglicherweise
  übermäßig darauf bedacht sind, Ihr Online-Image
  aufrechtzuerhalten oder mit dem Leben anderer
  Schritt zu halten.
- **Stimmungsschwankungen** : Übermäßiger Einsatz
  von Technologie kann zu Reizbarkeit und
  Stimmungsschwankungen führen, die häufig auf
  Überstimulation oder mangelnde soziale Interaktion
  zurückzuführen sind.
- **Vermindertes Selbstwertgefühl** : Sich in den
  sozialen Medien ständig mit anderen zu vergleichen
  oder das Gefühl zu haben, einem idealisierten
  Standard nicht gerecht zu werden, kann zu einem
  Gefühl der Unzulänglichkeit und einem verminderten
  Selbstwertgefühl führen.
- **Sensation of Missing Out (FOMO)** : Die Angst,
  Aktivitäten oder Erfahrungen anderer zu verpassen,
  kann Stress und Ängste hervorrufen und dazu
  führen, dass Sie mehr Zeit an Ihren Geräten
  verbringen, um auf dem Laufenden zu bleiben.

2.1.3 Psychische Symptome

- **Reduzierte Aufmerksamkeitsspanne** : Eine Überstimulation durch mehrere Quellen digitaler Medien kann zu Schwierigkeiten bei der Konzentration auf Aufgaben über längere Zeiträume führen.
- **Gedächtnisprobleme** : Eine starke Abhängigkeit von digitalen Geräten kann die Gedächtniserhaltung beeinträchtigen, da wir uns oft nicht vollständig auf Erlebnisse einlassen, wenn wir mit unseren Geräten beschäftigt sind.
- **Entscheidungsmüdigkeit** : Entscheidungen in einer Welt zu treffen, die von endlosen digitalen Optionen dominiert wird, kann unsere geistigen Fähigkeiten erschöpfen, was zu Entscheidungsmüdigkeit und der Unfähigkeit führt, kritisch zu denken und optimale Entscheidungen zu treffen.

2.1.4 Soziale und Verhaltenssymptome

- **Erhöhte Isolation** : Übermäßige Gerätenutzung kann es schwierig machen, sinnvolle Beziehungen aufrechtzuerhalten, was zu einem verstärkten Gefühl der Isolation und Einsamkeit führt.
- **Abhängigkeit von Geräten** : Sich auf Geräte zu verlassen, um Langeweile zu bewältigen oder dem Alltagsstress zu entfliehen, kann zu einer ungesunden Abhängigkeit führen, die es schwierig macht, sich an Aktivitäten zu beteiligen, die keinen Bildschirm erfordern.
- **Persönliche Verantwortung vernachlässigen** : Wenn digitale Erlebnisse wichtiger werden als persönliche Verantwortung, ist das ein klares Zeichen digitaler Überlastung.

Das Verstehen dieser Anzeichen und Symptome ist der erste Schritt zu einer bewussten digitalen Entgiftung und einem achtsamen Leben. Wenn Sie wissen, wann Sie oder jemand, der Ihnen am Herzen liegt, einer digitalen Überlastung ausgesetzt sind, können Sie Ihre täglichen Gewohnheiten positiv verändern und einen ausgewogeneren, gesünderen Lebensstil schaffen. Denken Sie daran: Der Schlüssel liegt nicht darin, die Technologie vollständig aus Ihrem Leben zu verbannen, sondern darin, eine gesündere Beziehung zu ihr aufzubauen.

2.1 Erkennen der Anzeichen und Symptome einer digitalen Überlastung

Digitale Überlastung, auch digitale Müdigkeit oder digitaler Burnout genannt, ist ein zeitgenössisches Phänomen, das heute eine große Anzahl von Menschen betrifft. Bevor wir Strategien zur Trennung und Entgiftung von digitalen Medien besprechen, ist es wichtig zu lernen, wie man die Warnzeichen und Symptome eines zu starken Konsums digitaler Medien erkennt. Wenn Sie diese Zeichen verstehen, können Sie sich besser um Ihre geistige, emotionale und körperliche Gesundheit kümmern.

A. Körperliche Symptome

Dies sind einige der häufigsten körperlichen Symptome, die aufgrund einer digitalen Überlastung auftreten können:

1. **Überanstrengung und Unwohlsein der Augen** : Wenn Sie über einen längeren Zeitraum auf Bildschirme schauen, kann dies zu Unwohlsein, Trockenheit und Überanstrengung Ihrer Augen

führen. Dieser Zustand wird manchmal als Computer-Vision-Syndrom oder digitale Augenbelastung bezeichnet.

2. **Kopfschmerzen** : Langes Starren auf Bildschirme kann zu Kopfschmerzen, Migräne oder sogar zur Verschlimmerung bereits bestehender Kopfschmerzzustände führen.

3. **Nacken-, Rücken- und Schulterschmerzen** : Eine sitzende Tätigkeit oder eine schlechte Körperhaltung bei der Nutzung digitaler Geräte kann zu Nacken-, Rücken- und Schulterschmerzen führen.

4. **Schlafstörungen** : Übermäßige Bildschirmbelastung, insbesondere vor dem Schlafengehen, kann Ihren Schlafzyklus unterbrechen und zu Schlaflosigkeit oder schlechter Schlafqualität führen.

5. **Karpaltunnelsyndrom** : Wiederholte Bewegungen wie Tippen oder Wischen auf Ihren Geräten können zum Karpaltunnelsyndrom führen, einer Erkrankung, die Handschmerzen, Kribbeln und Taubheitsgefühl verursacht.

B. Emotionale und mentale Symptome

Digitale Überlastung kann sich auch negativ auf Ihr geistiges und emotionales Wohlbefinden auswirken. Zu den Warnzeichen gehören:

1. **Angst und Stress** : Ständige Konnektivität und die ständige Verfügbarkeit digitaler Technologien können eine Quelle von Angst und Stress sein. Es kann ein Gefühl der Dringlichkeit erzeugen, Nachrichten und Benachrichtigungen ständig zu überprüfen, was Sie in einen ständigen Stresszustand versetzt.

2. **Depression** : Studien zeigen einen Zusammenhang
   zwischen hoher Social-Media-Nutzung und
   Depression. Der Vergleich des eigenen Lebens mit
   den Höhepunkten anderer kann zu einem Rückgang
   des Selbstwertgefühls und einem verstärkten Gefühl
   von Selbstzweifeln führen.
3. **Verminderte Gedächtnis- und
   Aufmerksamkeitsspanne** : Der ständige Wechsel
   zwischen Aufgaben und Geräten kann Ihre Fähigkeit
   beeinträchtigen, sich jeweils auf eine Aufgabe zu
   konzentrieren. Wenn Sie sich zu sehr auf digitale
   Gedächtniswerkzeuge verlassen, kann dies auch
   Ihre natürliche Fähigkeit, Informationen ohne Hilfe
   abzurufen, beeinträchtigen.
4. **Soziale Isolation und Einsamkeit** : Der übermäßige
   Konsum digitaler Medien geht oft zu Lasten der
   persönlichen Kommunikation und kann zu einem
   Gefühl der Trennung von anderen führen.
5. **Suchtverhalten** : Ständiger Zugang zu
   Informationen, Unterhaltung, Spielen und sozialen
   Netzwerken kann Suchtgefühle schüren, da das
   Gehirn von den kleinen Mengen Vergnügen, die
   diese Aktivitäten erzeugen, abhängig wird.

C. Verhaltenssymptome

Wenn die digitale Überlastung unkontrolliert bleibt, kann
dies zu verschiedenen Verhaltensänderungen führen, wie
zum Beispiel:

1. **Aufschub** : Der ständige Zugriff auf digitale Geräte
   kann es einfacher machen, Aufgaben aufzuschieben,
   um stattdessen soziale Medien zu checken oder
   Spiele auf Ihrem Gerät zu spielen.
2. **Multitasking** : Die Verlockung digitaler Medien kann
   zu Multitasking-Verhalten führen, z. B. zum

Überprüfen sozialer Medien oder E-Mails während der Arbeit oder sogar zur Verwendung Ihres Smartphones während Gesprächen oder Mahlzeiten.

3. **Persönliche Verantwortung vernachlässigen** : Suchtverhalten im Zusammenhang mit digitaler Technologie kann dazu führen, dass Sie wesentliche Aspekte Ihres Lebens vernachlässigen, wie Beziehungen, Arbeit oder Selbstfürsorge.

4. **Beeinträchtigte Entscheidungsfindung und Problemlösung** : Ein ständiger Informationsfluss und Ablenkungen können Ihre Fähigkeit beeinträchtigen, komplexe Entscheidungen zu treffen und kritisch über Probleme nachzudenken.

Abschluss

Das Erkennen der Anzeichen und Symptome einer digitalen Überlastung ist ein wichtiger erster Schritt, um die Kontrolle über Ihr Leben zurückzugewinnen und die richtige Balance zwischen Technologienutzung und achtsamem Leben zu finden. Indem Sie sich darüber im Klaren sind, wie sich digitale Medien auf Ihr Wohlbefinden auswirken, können Sie fundierte Entscheidungen darüber treffen, wann und wie Sie den Netzstecker ziehen und sich so den nötigen Raum für persönliches Wachstum und Selbstreflexion verschaffen. In den folgenden Abschnitten dieses Buches werden wir praktische Strategien für digitale Entgiftung und achtsames Leben untersuchen, die Ihnen helfen werden, Ihren digitalen Medienkonsum besser zu verwalten und ein ausgeglicheneres und erfüllteres Leben zu schaffen.

2.1 Erkennen der Anzeichen und Symptome einer digitalen Überlastung

Bevor Sie sich mit den praktischen Elementen einer digitalen Entgiftung befassen, ist es wichtig, die Anzeichen und Symptome einer digitalen Überlastung zu erforschen und zu verstehen. Wenn Sie wissen, wann Sie die Grenze zu ungesunden Internetnutzungsgewohnheiten überschritten haben, können Sie entsprechend handeln und die Kontrolle über Ihr digitales Leben zurückgewinnen. In diesem Unterabschnitt werden wir einige häufige Anzeichen und Symptome einer digitalen Überlastung aufschlüsseln, damit Sie Ihr eigenes Verhältnis zur Technologie beurteilen können.

2.1.1 Körperliche Symptome

Digitale Überlastung kann spürbare Auswirkungen auf Ihre körperliche Gesundheit haben. Wenn Sie übermäßig viel Zeit damit verbringen, auf Bildschirme zu starren oder sich wiederholende Bewegungen auszuführen, kann dies zu einer Reihe körperlicher Symptome führen. Achten Sie auf Folgendes:

- **Überanstrengung und Unwohlsein der Augen** : Längeres Starren auf Bildschirme kann zu einer digitalen Überanstrengung der Augen oder einem *Computer-Vision-Syndrom führen* . Zu den Symptomen gehören Trockenheit, Juckreiz und Beschwerden in den Augen.
- **Nacken-, Rücken- und Schulterschmerzen** : Längeres Sitzen vor Ihren Geräten, insbesondere bei schlechter Körperhaltung, kann zu Problemen des Bewegungsapparats führen, einschließlich Schmerzen im Nacken, Rücken und den Schultern.
- **Schmerzen in Hand und Handgelenk** : Übermäßiges Tippen oder Verwenden einer Maus kann zu wiederholten Belastungsschäden an Sehnen, Nerven und anderen Weichteilen in Hand

und Handgelenk führen. Diese Erkrankungen werden
zusammenfassend als *kumulative Traumastörungen
bezeichnet* und umfassen Karpaltunnelsyndrom,
Tendinitis und Tenosynovitis.

- **Müdigkeit** : Wenn Sie zu viel Zeit mit der Nutzung
  Ihrer digitalen Geräte verbringen, kann dies zu
  verminderter körperlicher Aktivität und schlechter
  Schlafqualität führen, was zu allgemeiner Müdigkeit
  und Lethargie führt.

2.1.2 Emotionale und psychologische Symptome

Digitale Überlastung wirkt sich nicht nur auf den Körper aus;
Es kann sich auch tiefgreifend auf unser emotionales und
psychisches Wohlbefinden auswirken. Zu den häufigen
emotionalen Symptomen einer digitalen Überlastung
gehören:

- **Angst** : Die ständige Flut an Informationen,
  Benachrichtigungen und wahrgenommenen sozialen
  Verpflichtungen kann dazu führen, dass Sie sich
  überfordert und ängstlich fühlen.
- **Depression** : Insbesondere das Verbringen von zu
  viel Zeit in sozialen Medien wird mit Gefühlen der
  Unzulänglichkeit, sozialer Isolation und Depression in
  Verbindung gebracht.
- **FOMO** : Fear of Missing Out (FOMO) ist ein Begriff,
  der das Gefühl beschreibt, dass andere
  möglicherweise erfüllendere Erfahrungen machen
  oder sich an sozial wünschenswerteren Aktivitäten
  beteiligen, was ein Gefühl von Angst und
  Unzufriedenheit hervorrufen kann.
- **Vermindertes Selbstwertgefühl** : Der Vergleich mit
  anderen in sozialen Medien und anderen digitalen
  Plattformen kann mit der Zeit zu einem Verlust
  unseres Selbstwertgefühls führen.

- **Schuldgefühle und Schamgefühle** : Die Zeit, die man gedankenlos mit Scrollen, Spielen oder anderen digitalen Aktivitäten verbringt, kann zu Schuldgefühlen und Schamgefühlen wegen der unproduktiven Zeitnutzung und der daraus resultierenden Vernachlässigung anderer Lebensbereiche führen.

2.1.3 Kognitive Symptome

Digitale Überlastung kann auch unsere kognitiven Funktionen beeinträchtigen – unsere Fähigkeit zu denken, zu lernen und Probleme zu lösen. Achten Sie auf diese Zeichen:

- **Verkürzte Aufmerksamkeitsspanne** : Die sofortige Befriedigung durch digitale Geräte kann zu einer deutlich verkürzten Aufmerksamkeitsspanne führen, was es schwierig macht, sich über einen längeren Zeitraum auf Aufgaben zu konzentrieren.
- **Gedächtnisprobleme** : Unsere Abhängigkeit von digitalen Werkzeugen zum Speichern und Abrufen von Informationen kann zu einem Phänomen namens *digitaler Amnesie führen* , bei dem wir für die Speicherung unseres Gedächtnisses zunehmend auf externe Geräte angewiesen sind, was zu einer verminderten Kapazität zur Informationsspeicherung führt.
- **Beeinträchtigte Entscheidungsfindung** : Der ständige Kontakt mit Informationen und die Notwendigkeit, bei der Nutzung digitaler Geräte Entscheidungen in Sekundenbruchteilen zu treffen, kann zu einer kognitiven Überlastung führen und unsere Fähigkeit, fundierte Entscheidungen zu treffen, beeinträchtigen.

2.1.4 Soziale Symptome

Auch unsere Beziehungen und unser soziales Leben können unter der digitalen Überlastung leiden. Zu den häufigsten sozialen Symptomen gehören:

- **Soziale Isolation** : Wenn digitale Geräte zu einem wichtigen Teil Ihres sozialen Lebens werden, entscheiden Sie sich möglicherweise für Online-Interaktionen statt für persönliche Erfahrungen, was zu einem Gefühl sozialer Isolation führt.
- **Vernachlässigung persönlicher Beziehungen** : Die auf digitalen Geräten verbrachte Zeit kann die Aufrechterhaltung persönlicher Beziehungen beeinträchtigen und zu Spannungen und Unzufriedenheit in Beziehungen führen.
- **Kommunikationsprobleme** : Eine übermäßige Abhängigkeit von digitaler Kommunikation kann unsere Fähigkeit, sinnvolle Gespräche zu führen, einschränken, zu Missverständnissen beitragen und sich negativ auf unsere zwischenmenschlichen Fähigkeiten auswirken.

Wenn Sie mehrere dieser Anzeichen und Symptome in Ihrem eigenen Leben erkennen, ist es möglicherweise an der Zeit, Ihre Beziehung zur digitalen Technologie genauer unter die Lupe zu nehmen. Auch wenn die Schwere dieser Symptome von Person zu Person unterschiedlich sein kann, besteht das Ziel letztendlich darin, Ausgeglichenheit und Mäßigung in unserem digitalen Leben zu finden.

2.1 Identifizieren der Anzeichen und Symptome einer digitalen Überlastung

Unter digitaler Überlastung, auch bekannt als Informationsüberflutung oder technischer Stress, versteht man das Gefühl, von der ständigen Flut digitaler Informationen und den endlosen Anforderungen, die die Technologie an unsere Aufmerksamkeit stellt, überwältigt zu werden. Es ist in unserem täglichen Leben immer allgegenwärtiger geworden, aber die meisten Menschen erkennen die Anzeichen und Symptome nicht früh genug, um vorbeugende Maßnahmen zu ergreifen. Das Verständnis der häufigsten Anzeichen und Symptome einer digitalen Überlastung ist der erste Schritt, um dagegen vorzugehen und das Gleichgewicht in unserem Leben wiederherzustellen.

2.1.1 Körperliche Symptome einer digitalen Überlastung

Digitale Überlastung kann sich in verschiedenen körperlichen Symptomen äußern, da die ständige Auseinandersetzung mit der Technik zu einer Überlastung des Körpers führt. Zu den häufigsten körperlichen Symptomen gehören:

- **Überanstrengung und Unwohlsein der Augen** : Stundenlanges Starren auf Bildschirme kann zu einem sogenannten Computer-Vision-Syndrom oder einer digitalen Augenbelastung führen. Zu den Symptomen zählen Augenbeschwerden, verschwommenes Sehen, Trockenheit oder Rötung und sogar Kopfschmerzen.
- **Nacken- und Schulterschmerzen** : Das Beugen über Laptops, Tablets und Smartphones belastet Nacken und Schultern. Diese Fehlhaltung kann auf lange Sicht zu chronischen Schmerzen und sogar Nervenschäden führen.
- **Rückenschmerzen** : Längeres Sitzen und eine schlechte Körperhaltung bei der Nutzung

elektronischer Geräte können zu Schmerzen im unteren Rücken und Wirbelsäulenproblemen führen.

- **Karpaltunnelsyndrom** : Die wiederholte Belastung von Handgelenken und Händen durch Tippen und Scrollen kann ein Karpaltunnelsyndrom verursachen, eine Erkrankung, die durch Kribbeln, Taubheitsgefühl oder Schmerzen in den Fingern und der Hand gekennzeichnet ist.
- **Schlafstörungen** : Übermäßige Zeit vor dem Bildschirm, insbesondere abends oder vor dem Schlafengehen, stört die Produktion von Melatonin, einem Hormon, das den Schlaf reguliert. Infolgedessen kann es zu Schwierigkeiten beim Einschlafen, Durchschlafen oder einem erholsamen, guten Schlaf kommen.

2.1.2 Emotionale Symptome digitaler Überlastung

Digitale Überlastung wirkt sich nicht nur auf unsere körperliche Gesundheit aus; Es kann auch unser emotionales Wohlbefinden beeinträchtigen. Zu den häufigen emotionalen Symptomen gehören:

- **Erhöhte Angst und Stress** : Das ständige Überprüfen von Nachrichten, sozialen Medien und Ping-Benachrichtigungen kann zu erhöhtem Angst- und Stressniveau führen, da es schwierig wird, sich zu entspannen und von der digitalen Welt abzuschalten.
- **Angst, etwas zu verpassen (FOMO)** : Ständige Verbindung kann zu einer irrationalen Angst führen, etwas Wichtiges oder Interessantes zu verpassen, was zu Angst und sozialem Druck führt, mit dem ständigen Informationsfluss Schritt zu halten.
- **Stimmungsschwankungen** : Der Kontakt mit der endlosen Flut an Informationen und emotional

aufgeladenen Inhalten kann zu
Stimmungsschwankungen führen, die es schwierig
machen, einen gleichbleibenden emotionalen
Zustand aufrechtzuerhalten.

- **Depression** : Studien haben übermäßige
  Internetnutzung mit Depressionen in Verbindung
  gebracht, da der ständige Vergleich mit anderen
  über soziale Medien zu Gefühlen der
  Unzulänglichkeit und einem geringeren
  Selbstwertgefühl führen kann.
- **Verminderte emotionale Intelligenz** : Wenn wir uns
  bei der Kommunikation auf Technologie verlassen,
  kann dies zu einem Rückgang der emotionalen
  Intelligenz führen, da wir weniger auf die Emotionen
  anderer reagieren und Schwierigkeiten haben, uns in
  persönlichen Interaktionen effektiv auszudrücken.

2.1.3 Kognitive Symptome einer digitalen Überlastung

Unser Gehirn ist nicht immun gegen die Auswirkungen der
Informationsüberflutung, und kognitive Symptome können
durch übermäßigen Technologieeinsatz entstehen:

- **Reduzierte Aufmerksamkeitsspanne** :
  Wiederholter Kontakt mit der schnelllebigen digitalen
  Umgebung kann zu einer Verschlechterung unserer
  Konzentrationsfähigkeit über längere Zeiträume
  führen.
- **Beeinträchtigtes Gedächtnis** : Der ständige Zufluss
  von Informationen und die Abhängigkeit von
  Technologie zur Wissensspeicherung können dazu
  führen, dass unsere Fähigkeit, sich neue
  Informationen zu merken und zu behalten, nachlässt.
- **Multitasking-Sucht** : Das Jonglieren mit mehreren
  Aufgaben und das ständige Wechseln zwischen
  Geräten und Plattformen kann zu einem

zwanghaften Bedürfnis nach Multitasking führen,
selbst auf Kosten der Produktivität und Effizienz.
- **Entscheidungsmüdigkeit** : Da unser Gehirn
  aufgrund der digitalen Überlastung mit endlosen
  Auswahlmöglichkeiten und Entscheidungen
  bombardiert wird, wird es immer schwieriger,
  fundierte Urteile zu fällen und Aufgaben effektiv zu
  priorisieren.

2.1.4 Soziale Symptome digitaler Überlastung

Digitale Überlastung kann auch negative Auswirkungen auf
unser soziales Leben und unsere Beziehungen haben:

- **Soziale Isolation** : Übermäßiger Technologieeinsatz
  kann zu sozialer Isolation führen, da Menschen
  digitalen Interaktionen Vorrang vor persönlichen
  Beziehungen geben.
- **Verminderte Empathie** : Wenn wir für die
  Kommunikation auf Technologie angewiesen sind,
  kann dies zu einer Beeinträchtigung der
  empathischen Fähigkeiten führen, da wir weniger
  nonverbalen Hinweisen und authentischen
  emotionalen Ausdrücken ausgesetzt sind.
- **Unfähigkeit, tiefgründige Gespräche zu führen** :
  Der ständige Kontakt mit oberflächlicher und kurzer
  digitaler Kommunikation kann es schwierig machen,
  sinnvolle, tiefgehende Gespräche mit anderen zu
  führen.

Das Verständnis der verschiedenen Anzeichen und
Symptome einer digitalen Überlastung ist der erste Schritt,
um Maßnahmen zu ergreifen, Grenzen zu setzen und die
Kontrolle über unser digitales Leben zurückzugewinnen.
Das Erkennen dieser Symptome bei uns selbst und
anderen ermöglicht es uns, einen gesünderen Umgang mit

Technologie zu pflegen und ein achtsameres, ausgeglicheneres Leben zu führen.

2.1 Erkennen der Anzeichen und Symptome einer digitalen Überlastung

Wenn wir ständig mit digitalen Geräten verbunden sind, ignorieren oder übersehen wir oft die negativen Auswirkungen, die dies auf unsere geistige, emotionale und körperliche Gesundheit hat. Es ist wichtig, die Anzeichen und Symptome einer digitalen Überlastung zu erkennen, um geeignete Schritte für einen gesünderen Lebensstil einzuleiten. In den folgenden Unterabschnitten werden einige der wichtigsten Anzeichen und Symptome einer digitalen Überlastung sowie Strategien zu deren Erkennung und Bekämpfung beschrieben.

2.1.1 Mentale und emotionale Zeichen

1. Erhöhter Stress und Angst

Der schnelle Informationskonsum, ständige Ablenkungen und ein nie endendes Gefühl der Dringlichkeit und Unmittelbarkeit tragen zu einem erhöhten Stress- und Angstniveau bei.

2. Geistige Müdigkeit und Burnout

Stundenlange Bildschirmarbeit und unaufhörliches Multitasking belasten unsere kognitiven Funktionen erheblich und führen zu geistiger Erschöpfung und schließlich zum Burnout.

3. Verminderte Aufmerksamkeitsspanne

Unsere Abhängigkeit von digitalen Geräten zur Ablenkung und Unterhaltung hat zu einer verringerten Konzentration und einer verminderten Fähigkeit, sich über längere Zeiträume auf eine einzelne Aufgabe zu konzentrieren, geführt.

4. Emotionale Trennung

Übermäßiger Gebrauch digitaler Geräte kann zu einem Mangel an sinnvollen Verbindungen und persönlichen Interaktionen mit anderen führen, was zu Gefühlen der Isolation und Einsamkeit führt.

2.1.2 Physische Zeichen

1. Überanstrengung und Beschwerden der Augen

Bei längerer Bildschirmnutzung sind unsere Augen blauem Licht ausgesetzt, was zu Überanstrengung der Augen, trockenen Augen und Unwohlsein führen kann.

2. Schlechte Körperhaltung und Schmerzen im Bewegungsapparat

Stundenlang über Laptops gebeugt, auf Smartphones starrend und über Tablets gebeugt, kann zu einer schlechten Körperhaltung führen und zu Nacken-, Rücken- und Schulterschmerzen führen.

3. Gestörter Schlafrhythmus

Die Einwirkung von blauem Licht von Bildschirmen unterdrückt die Melatoninproduktion, was zu Einschlafschwierigkeiten, gestörten Schlafmustern und einer verminderten Schlafqualität führen kann.

4. Reduzierte körperliche Aktivität

Eine Verlängerung der Bildschirmzeit geht häufig mit einer Verringerung der körperlichen Aktivitäten einher, was zu einem sitzenden Lebensstil und damit zu negativen Auswirkungen auf die Gesundheit führt.

2.1.3 Sozial- und Lebensstilzeichen

1. Geräteabhängige Interaktionen

Das ständige Überprüfen und Beantworten von Benachrichtigungen oder Nachrichten während sozialer Interaktionen kann ein Zeichen mangelnden Engagements sein und den natürlichen Gesprächsfluss behindern.

2. Obligatorische Geräteprüfung

Das ständige Bedürfnis, Telefone oder andere digitale Geräte zu überprüfen, auch wenn man keine wichtigen Nachrichten erwartet, weist auf eine ungesunde Abhängigkeit von digitalen Anreizen hin.

3. Angst, etwas zu verpassen (FOMO)

Das ständige Überprüfen von Social-Media-Updates und der Vergleich unseres Lebens mit anderen kann zu FOMO führen und Angstzustände, Depressionen und Unzufriedenheit mit dem eigenen Leben verursachen.

4. Eskapismus

Die Verwendung digitaler Geräte zur Vermeidung unangenehmer Gedanken, Gefühle oder Situationen könnte ein Hinweis auf digitale Sucht und eine ungesunde Abhängigkeit von virtuellen Ablenkungen sein.

2.1.4 Identifizieren Ihrer persönlichen Warnzeichen

Um die digitale Überlastung zu erkennen und wirksam zu bekämpfen, ist es wichtig, die persönlichen Warnzeichen zu erkennen. Diese können von Person zu Person unterschiedlich sein, aber zu den häufigsten Anzeichen gehören:

- Anhaltende Gedanken über die Überprüfung Ihrer Geräte
- Reizbarkeit oder Angst, wenn Sie nicht auf Ihre Geräte zugreifen können
- Verwenden Sie Ihre Geräte in Situationen, in denen dies nicht angemessen oder sicher ist
- Persönliche Beziehungen, Selbstfürsorge oder wichtige Aufgaben werden vernachlässigt, um Zeit an Geräten zu verbringen

Sich dieser Anzeichen und Symptome bewusst zu sein, ist der erste Schritt zur Eindämmung der digitalen Sucht und zur Förderung eines gesünderen, achtsamen Lebensstils.

2.2 Strategien zur Bewältigung der digitalen Überlastung

Sobald Sie die Anzeichen und Symptome einer digitalen Überlastung erkannt haben, ist es an der Zeit, Strategien zu implementieren, um Ihre Abhängigkeit von digitalen Geräten zu verringern und ein ausgeglicheneres Leben zu führen:

1. Planen Sie gerätefreie Zeit ein

Wenn Sie jeden Tag oder jede Woche bestimmte Zeiten für gerätefreie Aktivitäten festlegen, können Sie abschalten und sich auf andere Aspekte Ihres Lebens konzentrieren.

2. Legen Sie App-Limits auf Ihren Geräten fest

Nutzen Sie die integrierten Funktionen Ihrer Geräte oder laden Sie Apps herunter, um den Zeitaufwand für Social-Media-Websites, Spiele oder andere zeitaufwändige Aktivitäten zu begrenzen.

3. Nehmen Sie regelmäßig an körperlichen Aktivitäten teil

Wenn Sie körperliche Bewegung in Ihren Alltag integrieren, können Sie die negativen gesundheitlichen Auswirkungen einer digitalen Überlastung verringern und Ihr allgemeines körperliches Wohlbefinden aufrechterhalten.

4. Üben Sie Achtsamkeitstechniken

Das Erlernen und Praktizieren von Achtsamkeitstechniken wie Meditation, tiefes Atmen oder Tagebuchschreiben kann dabei helfen, Ängste, Stress und emotionale Trennung, die durch digitale Überlastung verursacht werden, zu lindern.

Denken Sie daran, dass es bei einer digitalen Entgiftung nicht darum geht, digitale Geräte vollständig aus Ihrem Leben zu verbannen, sondern vielmehr darum, ein Gleichgewicht zu finden, ein achtsames Leben zu fördern und gesündere Beziehungen zur Technologie aufzubauen.

3. Die Wissenschaft hinter der digitalen Sucht und ihre Auswirkungen auf das Wohlbefinden

Die Wissenschaft hinter der digitalen Sucht und ihre Auswirkungen auf das Wohlbefinden

Digitale Sucht, auch Internetsucht oder Technologiesucht genannt, ist ein relativ neues Phänomen, das mit der zunehmenden Abhängigkeit unserer Gesellschaft von Smartphones, Computern und anderen elektronischen Geräten entstanden ist. In diesem Unterabschnitt wird die Wissenschaft hinter der digitalen Sucht untersucht und die Auswirkungen dieses wachsenden Problems auf das individuelle und gesellschaftliche Wohlbefinden erörtert.

Das Belohnungssystem des Gehirns verstehen

Um die digitale Sucht zu verstehen, müssen wir zunächst das Belohnungssystem des Gehirns verstehen, insbesondere die Rolle von Dopamin. Dopamin ist ein Neurotransmitter, der eine entscheidende Rolle bei belohnungssuchenden Verhaltensweisen und dem allgemeinen Lustempfinden spielt. Dopamin wird als Reaktion auf eine Reihe von Reizen ausgeschüttet – von Nahrungsmitteln und Medikamenten bis hin zu sozialen Interaktionen – und hilft uns bei der Entscheidung, ob wir diesen Reizen erneut nachgehen oder nicht.

Viele Online-Aktivitäten, wie das Scrollen durch soziale Medien, das Ansehen von Videos oder das Spielen von Videospielen, wurden so konzipiert, dass sie zeitweilige, unvorhersehbare Belohnungen liefern, ähnlich dem Mechanismus von Spielautomaten beim Glücksspiel. Das Ergebnis ist, dass das Dopaminsystem des Gehirns aktiviert wird, was unseren Wunsch verstärkt, sich weiterhin an diesen Aktivitäten zu beteiligen. Dies kann mit der Zeit zu

einer digitalen Sucht führen, die manchmal auch als
„Online-Verhaltenssucht" bezeichnet wird.

Die Auswirkungen der digitalen Sucht auf die psychische Gesundheit

Digitale Sucht kann erhebliche Auswirkungen auf die psychische Gesundheit eines Menschen haben. Untersuchungen haben gezeigt, dass übermäßige Internetnutzung mit einer Vielzahl psychologischer Probleme wie Angstzuständen, Depressionen, Einsamkeit und Aufmerksamkeitsproblemen in Verbindung gebracht wird. Zusätzlich zu den direkten Folgen der digitalen Sucht haben zahlreiche Studien gezeigt, dass Personen, die übermäßig viel Zeit online verbringen, möglicherweise auch wichtige persönliche, soziale und berufliche Verantwortungen vernachlässigen.

Einer der Hauptgründe dafür, dass digitale Sucht einen so tiefgreifenden Einfluss auf die psychische Gesundheit hat, besteht darin, dass sie einen negativen Verstärkungskreislauf erzeugen kann. Manche Menschen greifen beispielsweise zunächst auf Online-Aktivitäten zurück, um mit Stress, Einsamkeit oder Ängsten umzugehen. Aufgrund der Abhängigkeit von digitalen Geräten kann es für sie jedoch im Laufe der Zeit immer schwieriger werden, sich von diesen Aktivitäten zu lösen und die zugrunde liegenden Ursachen ihrer emotionalen Belastung anzugehen.

Die Auswirkungen der digitalen Sucht auf die körperliche Gesundheit

Auch die körperliche Gesundheit kann durch die digitale Sucht beeinträchtigt werden. Übermäßiger Gebrauch elektronischer Geräte kann zu einer sitzenden Lebensweise führen, was zu einem erhöhten Risiko für Fettleibigkeit, Diabetes und Herz-Kreislauf-Erkrankungen führt. Darüber hinaus kann die ständige Nutzung von Smartphones und Computerbildschirmen den Schlafrhythmus beeinträchtigen und zu Schlaflosigkeit und einer Vielzahl anderer schlafbezogener Probleme führen.

Angesichts der Zeit, die viele Menschen mit ihren Geräten verbringen, wächst auch die Besorgnis über die potenziell schädlichen Auswirkungen der Exposition gegenüber blauem Bildschirmlicht. Diese Art von Licht unterdrückt nachweislich die Produktion von Melatonin, einem Hormon, das für die Regulierung des Schlaf-Wach-Rhythmus verantwortlich ist. Folglich fällt es Personen, die übermäßig viel Zeit an ihren Geräten verbringen – insbesondere in den Abendstunden –, möglicherweise schwerer, einzuschlafen und eine gute Schlafqualität aufrechtzuerhalten.

Die Rolle von FOMO und sozialem Vergleich

Die Angst, etwas zu verpassen (FOMO) und der soziale Vergleich sind weitere Faktoren, die zur digitalen Sucht und ihren Auswirkungen auf das Wohlbefinden beitragen. Die ständige Flut an Informationen und Aktualisierungen unserer digitalen Geräte kann dazu führen, dass wir das Gefühl haben, ständig etwas Wichtiges zu verpassen, was uns dazu veranlasst, unsere Geräte häufiger zu überprüfen und unsere gesamte Bildschirmzeit zu verlängern.

Darüber hinaus können die kuratierten Bilder und Leben, die auf Social-Media-Plattformen dargestellt werden, zu ungesunden sozialen Vergleichen führen und dazu führen, dass Einzelpersonen mit ihrem eigenen Leben unzufrieden sind. Dieser unerbittliche Vergleich von uns selbst mit anderen kann zu Neidgefühlen, Depressionen, geringem Selbstwertgefühl und sogar Narzissmus führen.

Achtsames Leben als Lösung

Alternativ bietet ein achtsames Leben eine Lösung, um den Kreislauf der digitalen Sucht und ihrer negativen Auswirkungen auf unser Wohlbefinden zu durchbrechen. Indem wir achtsamer mit der Nutzung unserer Technologie umgehen, Grenzen setzen und Aktivitäten priorisieren, die die geistige und körperliche Gesundheit fördern, können wir die Kontrolle über unser Leben zurückgewinnen und eine gesündere Beziehung zu unseren digitalen Geräten fördern.

Zusammenfassend lässt sich sagen, dass uns das Verständnis der Wissenschaft hinter der digitalen Sucht – insbesondere der Rolle des Belohnungssystems des Gehirns – ermöglicht, die Schwere des Problems und die möglichen Folgen für unser geistiges und körperliches Wohlbefinden zu erkennen. Indem wir Achtsamkeit und Absicht in unsere Beziehung zur Technologie integrieren, können wir den Kreislauf der Sucht durchbrechen und den Weg für ein gesünderes, glücklicheres Leben ebnen.

Die psychologischen Wurzeln der digitalen Sucht

Einer der Hauptgründe dafür, dass digitale Sucht so weit verbreitet ist, sind die psychologischen Mechanismen, die unserem Einsatz von Technologie zugrunde liegen. Wenn wir diese Mechanismen verstehen, können wir besser verstehen, wie wir die Kontrolle über unser digitales Leben wiedererlangen können.

Operante Konditionierung und Dopaminschleifen

Digitale Sucht kann teilweise durch ein psychologisches Phänomen erklärt werden, das als operante Konditionierung bekannt ist. Dabei handelt es sich um den Prozess, durch den wir lernen, Verhaltensweisen zu wiederholen, die zu Belohnungen führen, und solche zu vermeiden, die zu Strafen führen. Die Nutzung von Smartphones, sozialen Medien und anderen digitalen Plattformen ist darauf ausgelegt, die Belohnungen, die wir durch diesen Prozess erhalten, zu maximieren.

Der wichtigste am Belohnungssystem beteiligte Neurotransmitter ist Dopamin, das jedes Mal ausgeschüttet wird, wenn wir ein angenehmes Gefühl verspüren. Dieses Gefühl kann so einfach sein wie das Erhalten eines „Gefällt mir" in den sozialen Medien oder so komplex wie das Erledigen einer herausfordernden Aufgabe in einem Videospiel. Jedes Mal, wenn Dopamin in unserem Gehirn freigesetzt wird, fühlen wir uns motiviert, das Verhalten zu wiederholen, das zur Dopaminfreisetzung geführt hat. Dadurch entsteht ein Dopaminkreislauf, der die digitale Sucht fördern kann.

Viele Apps und Plattformen machen sich diese grundlegende menschliche Tendenz zunutze und sind absichtlich darauf ausgelegt, die Freisetzung von Dopamin auszulösen. Die ständigen Benachrichtigungen, die soziale Bestätigung und die Möglichkeit zum endlosen Scrollen tragen alle zu diesem Zyklus bei und ziehen uns tiefer in die digitale Welt hinein.

Angst, etwas zu verpassen (FOMO) und sozialer Vergleich

Eine weitere treibende Kraft hinter der digitalen Sucht ist die Angst, etwas zu verpassen (FOMO). Dieses Phänomen ist durch das Gefühl gekennzeichnet, dass wir unseren Mitmenschen immer einen Schritt hinterherhinken und ständig Erfahrungen oder Informationen verpassen. Aus diesem Grund sehen wir uns gezwungen, unsere Geräte ständig zu überprüfen, um sicherzustellen, dass wir auf dem Laufenden sind.

Social-Media-Plattformen spielen eine große Rolle bei der Verschärfung von FOMO, indem sie uns einen kleinen Einblick in das Leben anderer ermöglichen. Dieser Sneak Peek präsentiert typischerweise eine kuratierte und idealisierte Version des Lebens anderer Menschen, die uns dann zu ungünstigen sozialen Vergleichen verleiten kann. Diese Vergleiche können Gefühle der Unzulänglichkeit, Eifersucht und Unzufriedenheit mit unserem eigenen Leben hervorrufen und so zum Teufelskreis der digitalen Abhängigkeit beitragen.

Unsere Aufmerksamkeit und unsere kognitiven Ressourcen kapern

In einer mit digitalen Reizen gesättigten Umgebung konkurriert unsere Technologie ständig um unsere Aufmerksamkeit. Aufmerksamkeit ist, ähnlich wie Zeit, eine begrenzte Ressource – wir sind uns dessen vielleicht nicht bewusst, aber jeden Moment, den wir mit Technologie verbringen, können wir nicht für etwas anderes verwenden.

Viele digitale Plattformen sind darauf ausgelegt, möglichst ansprechend zu sein, uns zum Multitasking zu ermutigen und unsere Aufmerksamkeit schnell zwischen verschiedenen Informationsquellen zu wechseln. Diese ständige Informationsflut kann zu einem Phänomen namens kognitiver Überlastung führen, bei dem unsere kognitiven Ressourcen erschöpft sind und unsere Fähigkeit, uns zu konzentrieren, kritisch zu denken und Entscheidungen zu treffen, beeinträchtigt wird.

Die Auswirkungen der digitalen Sucht auf das Wohlbefinden

Wie jede andere Sucht hat auch die digitale Sucht negative Auswirkungen auf unser allgemeines Wohlbefinden. Digitale Sucht kann sich unter anderem auf unsere geistige, emotionale und körperliche Gesundheit auswirken:

Auswirkungen auf die psychische Gesundheit

Übermäßige Bildschirmzeit und digitale Sucht werden mit einer erhöhten Rate an Depressionen, Angstzuständen und Stress in Verbindung gebracht. Diese Assoziationen lassen sich möglicherweise durch die ständigen sozialen Vergleiche in den sozialen Medien, die Überwältigung durch die Informationsüberflutung und die Isolation erklären, die entstehen kann, wenn persönliche Verbindungen durch digitale ersetzt werden.

Das seelische Wohl

Digitale Sucht kann auch unser emotionales Wohlbefinden beeinflussen. Indem sie Gefühle der Unzulänglichkeit und des FOMO fördert und ein ständiges Bedürfnis nach Bestätigung durch „Gefällt mir"-Angaben und Kommentare erzeugt, kann die digitale Sucht unser Selbstwertgefühl und unsere emotionale Belastbarkeit verringern.

Darüber hinaus kann die ständige Ablenkung durch Technologie es schwierig machen, Achtsamkeit zu üben, ein wertvolles Instrument zur emotionalen Regulierung und Selbstwahrnehmung. Indem sie uns ständig stimuliert, kann die Technologie dazu führen, dass wir uns weniger auf unsere eigenen Emotionen einstellen und unsere Fähigkeit, emotionale Erfahrungen effektiv zu bewältigen, beeinträchtigen.

Auswirkungen auf die körperliche Gesundheit

Unzählige Stunden vor Bildschirmen zu verbringen, kann eine Belastung für unseren Körper sein. Eine längere Bildschirmzeit wird mit einem sitzenden Lebensstil in Verbindung gebracht, was zu negativen Auswirkungen wie Fettleibigkeit, schlechter Herz-Kreislauf-Gesundheit und der Entwicklung verschiedener anderer chronischer Gesundheitszustände führt.

Darüber hinaus hat sich gezeigt, dass der übermäßige Einsatz von Technologie, insbesondere vor dem Schlafengehen, die Schlafqualität und -dauer beeinträchtigt. Ausreichender Schlaf ist für die Aufrechterhaltung optimaler körperlicher und kognitiver Funktionen unerlässlich, weshalb diese Störung besonders schädlich für unsere allgemeine Gesundheit ist.

Abschluss

Das Verständnis der psychologischen Wurzeln und möglichen Auswirkungen der digitalen Sucht ist ein wesentlicher Schritt auf dem Weg zu gesünderen und achtsameren digitalen Gewohnheiten. Der Einblick in diese Aspekte der Sucht kann uns in die Lage versetzen, fundierte Entscheidungen darüber zu treffen, wann, wo und wie wir uns mit Technologie beschäftigen.

Indem wir uns der Dopaminschleifen, der Angst, etwas zu verpassen, und der Aufmerksamkeitsentführung bewusst sind, können wir gezielter Grenzen setzen und Entscheidungen treffen, die unser Wohlbefinden in den Vordergrund stellen. Die Befreiung von der digitalen Sucht bietet die Möglichkeit, sich wieder mit uns selbst, anderen und der Welt um uns herum zu verbinden, unser Leben zu bereichern und unser Wohlbefinden zu steigern.

Die Neurowissenschaften der digitalen Sucht

Digitale Sucht ist ein wachsendes Phänomen, das unser Wohlbefinden zunehmend beeinträchtigt. Dabei geht es um den zwanghaften Gebrauch digitaler Geräte wie Smartphones, Computer und anderer Gadgets, der zu geistigen, emotionalen und körperlichen Störungen führt. Dieser Unterabschnitt soll Licht auf die Wissenschaft hinter der digitalen Sucht und ihre Auswirkungen auf unser allgemeines Wohlbefinden werfen.

Das Dopamin-Belohnungssystem

Im Zentrum der digitalen Sucht steht das Belohnungssystem des Gehirns, das insbesondere durch den Neurotransmitter Dopamin unterstützt wird. Dopamin ist ein chemischer Botenstoff, der eine entscheidende Rolle bei der Motivation, Belohnung und dem lustsuchenden Verhalten des Menschen spielt. Wenn wir einer lohnenden Aktivität nachgehen, beispielsweise einer köstlichen Mahlzeit, Sport treiben oder Lob erhalten, schüttet unser Gehirn Dopamin aus, was zu einem Freudenerlebnis führt und uns dazu motiviert, das Verhalten zu wiederholen.

Ebenso setzt die Nutzung digitaler Geräte, sozialer Medien und anderer Online-Aktivitäten Dopamin in unserem Gehirn frei, was das Verhalten verstärkt und es immer schwieriger macht, dem Drang, diese Geräte zu nutzen, zu widerstehen. Wenn wir beispielsweise „Gefällt mir"-Angaben oder Benachrichtigungen in den sozialen Medien erhalten, ein Level in einem Spiel gewinnen oder beim Surfen im Internet neue Informationen erhalten, kann das alles eine Dopaminausschüttung auslösen, die uns Lust auf mehr macht.

Darüber hinaus sind digitale Geräte darauf ausgelegt, uns mit unzähligen Funktionen zu beschäftigen, die das Dopamin-gesteuerte Belohnungssystem des Gehirns nutzen. Unendliches Scrollen, automatische Wiedergabe, Benachrichtigungen und variable Belohnungen sind Beispiele für Funktionen, die es uns ermöglichen, längere Zeiträume auf diesen Geräten zu verbringen und so einen gewohnheitsmäßigen Zyklus der Internet- und Gerätenutzung zu schaffen.

Digitale Sucht und negative emotionale Zustände

Die häufige, zwanghafte Nutzung digitaler Geräte, insbesondere sozialer Medien, kann zur Entwicklung emotionaler Störungen wie geringem Selbstwertgefühl, Depressionen und Angstzuständen führen. Wenn wir uns in den sozialen Medien mit anderen vergleichen, den Druck verspüren, eine „perfekte" Online-Präsenz aufrechtzuerhalten, und einer ständigen Flut negativer Nachrichten und Konflikte ausgesetzt zu sein, kann das alles ein Gefühl der Wertlosigkeit, Einsamkeit und Isolation hervorrufen.

Psychologen gehen außerdem davon aus, dass soziale Medien möglicherweise Gefühle von Neid, Eifersucht und Groll bei den Nutzern schüren könnten. Wenn unsere täglichen Aktivitäten ständig durch digitale Ablenkungen unterbrochen werden, verpassen wir möglicherweise Gelegenheiten, sinnvolle Verbindungen aufzubauen, Empathie zu kultivieren und unsere emotionale Intelligenz zu verbessern.

Die Auswirkungen auf kognitive und exekutive Funktionen

Digitale Sucht kann sich auch negativ auf unsere kognitiven Funktionen auswirken, einschließlich Aufmerksamkeit, Gedächtnis und Lernen. Ein ständig vernetzter Lebensstil führt zu fragmentiertem Denken, flacher Verarbeitung von Informationen und starkem Multitasking, was alles unsere Fähigkeit schwächt, uns zu konzentrieren und tief zu denken.

Die chronische Nutzung digitaler Geräte ist auch mit Beeinträchtigungen wesentlicher exekutiver Funktionen wie Entscheidungsfindung, Selbstregulierung und Impulskontrolle verbunden. Die Verlockung dieser Geräte führt häufig dazu, dass Aufgaben aufgeschoben werden und Aufgaben nicht effektiv priorisiert werden können. Folglich werden unsere Produktivität, Leistung und die Gesamtqualität unserer Arbeit erheblich beeinträchtigt.

Physiologische Folgen der digitalen Sucht

Die Nutzung digitaler Geräte über einen längeren Zeitraum kann zu einer Reihe von körperlichen Gesundheitsproblemen führen. Schlechte Körperhaltung, Rückenschmerzen, Nackenverspannungen und Karpaltunnelsyndrom gehören zu den Problemen, die bei längerer Gerätenutzung auftreten. Darüber hinaus kann eine übermäßige Zeit vor dem Bildschirm aufgrund der schädlichen Auswirkungen des von diesen Geräten ausgestrahlten blauen Lichts zu einer Überanstrengung der Augen, Kopfschmerzen und Schlafstörungen führen. Schlafstörungen wiederum tragen zu einer schlechten Stimmungsregulation, beeinträchtigten kognitiven Funktionen und einem geschwächten Immunsystem bei.

Darüber hinaus kann ein sitzender Lebensstil, der durch die übermäßige Nutzung digitaler Geräte verursacht wird, das Risiko für Fettleibigkeit, Herz-Kreislauf-Erkrankungen und andere chronische Gesundheitsstörungen erhöhen. Ein Mangel an Outdoor-Aktivitäten und ein eingeschränkter Kontakt zur Natur können diese Gesundheitsprobleme verschlimmern und sich weiter auf unser allgemeines Wohlbefinden auswirken.

Abschluss

Es ist offensichtlich, dass die digitale Sucht ein erhebliches Problem für das geistige, emotionale und körperliche Wohlbefinden unserer Gesellschaft darstellt. Die Wissenschaft hinter der digitalen Sucht beruht auf dem dopamingesteuerten Belohnungssystem, das die zwanghafte Nutzung digitaler Geräte erleichtert. Die negativen emotionalen Zustände, die Beeinträchtigung der kognitiven und exekutiven Funktionen sowie die physiologischen Folgen zeigen, wie stark sich die digitale Sucht auf unser Leben auswirken kann.

Das Verständnis der Wissenschaft hinter der digitalen Sucht ist nur der erste Schritt, um ihre Auswirkungen auf unser Wohlbefinden anzugehen. Es versetzt uns in die Lage, die Verhaltensmuster, die zur zwanghaften Nutzung digitaler Geräte führen, besser zu verstehen, und ermöglicht uns die Entwicklung effektiver Strategien zur Förderung eines achtsameren, ausgewogeneren Lebensstils, bei dem das Wohlbefinden Vorrang vor ständiger Konnektivität hat.

Die Wissenschaft hinter der digitalen Sucht und ihre Auswirkungen auf das Wohlbefinden

Digitale Sucht: Die New-Age-Gewohnheit

In der heutigen schnelllebigen Welt ist die Technologie in jeden Winkel unseres Lebens eingedrungen, verbindet uns mit anderen und steigert unsere Produktivität. Es überrascht nicht, dass die Nutzung elektronischer Geräte, insbesondere Smartphones und anderer Gadgets, im letzten Jahrzehnt sprunghaft zugenommen hat. Gleichzeitig beobachten wir jedoch den Aufstieg einer Sucht nach digitalen Geräten, die sich sowohl auf das körperliche als auch auf das geistige Wohlbefinden auswirkt. Viele Forscher argumentieren mittlerweile, dass digitale Sucht als echte psychische Störung angesehen werden sollte, die sich tiefgreifend negativ auf unser Leben auswirkt. In diesem Unterabschnitt werden wir uns mit der Wissenschaft hinter der digitalen Sucht befassen und ihre Auswirkungen auf unser allgemeines Wohlbefinden untersuchen.

Mechanismen der digitalen Sucht

Forscher haben die digitale Sucht mit der Substanzsucht verglichen und Parallelen zwischen beiden in Bezug auf die Gehirnfunktion und die neurochemische Regulation gezogen. Wie bei jeder Sucht beginnt der Kreislauf der digitalen Sucht mit einer Initiationsphase, in der die Nutzung des digitalen Geräts oder der Anwendung als Mittel zur Bewältigung von Langeweile oder als kulturelles Phänomen beginnen kann. Was als leichte Neugier beginnt, entwickelt sich schnell zur Gewohnheit und eskaliert zu einer ausgewachsenen Sucht.

Digitale Sucht nutzt den Belohnungsmechanismus unseres Gehirns, der für die Verstärkung angenehmer oder vorteilhafter Verhaltensweisen verantwortlich ist. Wenn wir uns an angenehmen Aktivitäten beteiligen, schüttet unser Gehirn einen Neurotransmitter namens Dopamin aus. Ein hoher Dopaminspiegel im Belohnungssystem des Gehirns führt dazu, dass wir Freude, Zufriedenheit und Motivation empfinden und uns buchstäblich für unsere Handlungen belohnen. Auch Suchtmittel wie Drogen oder Alkohol stimulieren die Ausschüttung von Dopamin, was dazu führt, dass wir mit der Zeit ein Verlangen danach verspüren.

In ähnlicher Weise kapert die digitale Sucht auch das Dopamin-Belohnungssystem. Wenn wir Textnachrichten, „Gefällt mir"-Angaben und Kommentare in sozialen Medien erhalten oder die Level eines Videospiels erreichen, schüttet unser Gehirn Dopamin aus. Diese Schleife aus Vergnügen und Belohnung führt dazu, dass wir ständig zu unseren Geräten greifen, auch wenn es nicht in unserem besten Interesse ist. Das ständige Verlangen nach einem Dopaminschub führt zu einem eskalierenden Suchtkreislauf.

Psychologische Merkmale im Zusammenhang mit digitaler Sucht

Manche Menschen sind möglicherweise anfälliger für die Entwicklung einer digitalen Sucht. Forscher haben bestimmte Persönlichkeitsmerkmale als Faktoren identifiziert, die das Risiko einer digitalen Sucht erhöhen könnten:

1. Impulsivität: Wer ein hohes Maß an Impulsivität aufweist, verfällt möglicherweise eher der digitalen Sucht. Impulsive Menschen haben möglicherweise Probleme mit der Selbstbeherrschung und der Fähigkeit, digitalen Versuchungen zu widerstehen.
2. Auf der Suche nach Sensationen: Menschen, die von neuen Erfahrungen leben und ständig auf der Suche nach Spannung sind, sind möglicherweise anfälliger für die digitale Sucht. Ihr Bedürfnis nach ständiger Stimulation passt gut zur sich schnell verändernden und anpassbaren Welt der digitalen Technologie.
3. Emotionale Dysfunktion: Menschen, die unter Depressionen, Angstzuständen oder anderen Formen emotionaler Dysfunktion leiden, greifen möglicherweise auf digitale Geräte zurück, um Trost oder Ablenkung von ihrem stressigen Leben zu finden. Die digitale Welt kann vorübergehend negative Emotionen oder unangenehme Situationen lindern, was zu Überbeanspruchung und Sucht führt.

Darüber hinaus könnten Personen mit einer Vorgeschichte von Drogenmissbrauch oder anderen suchtbedingten Störungen aufgrund der Gemeinsamkeit der zugrunde liegenden Mechanismen im Zusammenhang mit Dopamin und den Belohnungssystemen des Gehirns ein höheres Risiko haben, eine digitale Sucht zu entwickeln.

Einfluss der digitalen Sucht auf das Wohlbefinden

Digitale Sucht bleibt nicht auf Einzelfälle beschränkt; Es betrifft einen großen Teil der Weltbevölkerung. Verschiedene Studien haben dargelegt, wie sich digitale Sucht negativ auf physische, psychische und soziale Aspekte des Wohlbefindens auswirkt.

Körperliches Wohlbefinden : Übermäßige Bildschirmzeit belastet die Augen und führt zu einer digitalen Augenbelastung oder einem Computer-Vision-Syndrom, das zu Trockenheit, Rötung und verschwommenem Sehen führt. Auch die Schlafqualität wird negativ beeinflusst, da das künstliche blaue Licht von Bildschirmen Melatonin unterdrückt – ein Hormon, das für die Schlafregulation verantwortlich ist. Darüber hinaus tragen sitzende Verhaltensweisen, wie z. B. längeres Sitzen bei der Nutzung von Geräten, zu Fettleibigkeit und anderen Gesundheitsproblemen bei.

Psychisches Wohlbefinden : Digitale Sucht assimiliert Entzugssymptome, geringes Selbstwertgefühl, Stimmungsstörungen, Angstzustände und Depressionen. Jugendliche sind besonders gefährdet, da die Wahrscheinlichkeit höher ist, eine Abhängigkeit von sozialen Medien, Videospielen oder anderen digitalen Plattformen zu entwickeln, was sich negativ auf ihre psychische Gesundheit auswirkt.

Soziales Wohlbefinden : Beziehungen leiden unter der digitalen Sucht, da sie ein Gefühl der Isolation erzeugt, indem die persönliche Interaktion durch virtuelle Kommunikation ersetzt wird. Der Süchtige priorisiert oft digitale Geräte gegenüber persönlichen Interaktionen oder beschäftigt sich bei gesellschaftlichen Zusammenkünften mit ihnen, was zu einem Rückgang seiner sozialen Fähigkeiten und sinnvollen Beziehungen führt.

Unter Berücksichtigung all dieser Faktoren wird deutlich, dass die digitale Sucht und ihre Auswirkungen auf das Wohlbefinden angegangen werden müssen. Um aus dem Kreislauf der digitalen Sucht auszubrechen, müssen wir uns unserer Nutzungsmuster bewusst werden und aktiv danach streben, ein Gleichgewicht in unserem Leben herzustellen. „Unplug: A Guide to Digital Detox and Mindful Living" bietet Ihnen praktische Tools und Strategien zur Bekämpfung der digitalen Sucht und zur Verbesserung Ihres allgemeinen Wohlbefindens.

3.1 Den Mechanismus der digitalen Sucht verstehen

Der erste Schritt zum Verständnis der komplexen Natur der digitalen Sucht und ihrer Auswirkungen auf das Wohlbefinden besteht darin, die neurologischen und verhaltensbezogenen Aspekte zu identifizieren, die zur Entwicklung von Suchtmustern führen. In diesem Unterabschnitt werden wir uns mit der Wissenschaft hinter der Sucht befassen, untersuchen, wie digitale Sucht anderen Arten von Sucht ähnelt, und die Folgen einer übermäßigen Nutzung digitaler Geräte und Plattformen für unser geistiges, emotionales und körperliches Wohlbefinden diskutieren.

3.1.1 Die Neurowissenschaften der Sucht

Sucht kann im weitesten Sinne als ein zwanghaftes Muster der Auseinandersetzung mit belohnenden Reizen definiert werden, das schwerwiegende negative Folgen hat. Untersuchungen haben gezeigt, dass Sucht Veränderungen im Belohnungssystem des Gehirns hervorruft, die sich auf verschiedene Strukturen und Neurotransmitter auswirken, vor allem auf Dopamin.

Dopamin, oft als „Wohlfühl-Neurotransmitter" bezeichnet, spielt eine wichtige Rolle im Belohnungssystem unseres Gehirns. Es wird freigesetzt, wenn wir uns an angenehmen Aktivitäten beteiligen, wie zum Beispiel Essen, Sport treiben oder soziale Medien nutzen. Im Laufe der Zeit führt die wiederholte Einwirkung belohnender Reize (z. B. Drogen oder übermäßige Bildschirmzeit) zu Veränderungen in der Struktur und Funktion des Gehirns, was zu einem erhöhten Verlangen und einer Unfähigkeit führt, dem Suchtverhalten zu widerstehen.

3.1.2 Entwicklung digitaler Sucht

Die digitale Sucht weist mehrere Gemeinsamkeiten mit der Drogenabhängigkeit auf. Beides kann zu Veränderungen im dopaminregulierten Belohnungssystem des Gehirns führen und zeichnet sich durch zwanghaftes Engagement trotz negativer Folgen aus. Allerdings unterscheidet sich die digitale Sucht von der Substanzsucht dadurch, dass es sich dabei um den übermäßigen Einsatz digitaler Technologien wie Smartphones, sozialer Medien, Videospiele und Online-Shopping und nicht um Drogen oder Alkohol handelt.

Mehrere Faktoren tragen zur Entwicklung einer digitalen Sucht bei:

1. **Sofortige Befriedigung und kontinuierliche Belohnungen** : Digitale Geräte und Plattformen sind so konzipiert, dass sie sofortige Befriedigung bieten, z. B. Likes, Shares, Instant Messaging und Benachrichtigungen. Durch diese ständige Verstärkung entsteht eine Rückkopplungsschleife, die dazu führt, dass sich die Menschen engagieren

und mehr verlangen, was zu einem zwanghaften Einsatz von Technologie führt.

2. **Angst, etwas zu verpassen (FOMO)** : Die allgegenwärtige Natur sozialer Medien hat zu FOMO geführt, der Angst, die aus dem Glauben entsteht, dass andere möglicherweise lohnendere Erfahrungen machen. Diese Angst veranlasst Einzelpersonen dazu, ihre Geräte ständig auf Updates zu überprüfen und übermäßig viel Zeit online zu verbringen, um auf dem Laufenden zu bleiben.

3. **Verstärkung mit variablem Verhältnis** : Digitale Plattformen verwenden Verstärkung mit variablem Verhältnis, einen Zeitplan, bei dem die Belohnung in unvorhersehbaren Abständen bereitgestellt wird. Dieses Element der Unsicherheit und Zufälligkeit erhöht das Engagement und hält die Benutzer süchtig, ähnlich wie Spielautomaten in Casinos.

3.1.3 Auswirkungen auf das Wohlbefinden

Digitale Sucht kann weitreichende Folgen für unser geistiges, emotionales und körperliches Wohlbefinden haben.

- **Psychische Gesundheit** : Übermäßige Zeit vor dem Bildschirm wird mit einer erhöhten Häufigkeit von Depressionen, Angstzuständen und Stress in Verbindung gebracht. Untersuchungen haben ergeben, dass Personen, die mehr Zeit in sozialen Medien verbringen, eher negative Emotionen verspüren, grübeln und ein geringeres allgemeines Glücksgefühl verspüren.

- **Schlaf** : Digitale Geräte senden blaues Licht aus, das die Produktion von Melatonin beeinträchtigen kann, einem Hormon, das für die Regulierung des

Schlafes verantwortlich ist. Eine längere Einwirkung von blauem Licht, insbesondere kurz vor dem Schlafengehen, kann zu Schlafstörungen, Einschlafschwierigkeiten und einer insgesamt schlechten Schlafqualität führen.

- **Körperliche Gesundheit** : Sitzendes Verhalten in Verbindung mit übermäßiger Bildschirmzeit kann zu gesundheitlichen Problemen wie Fettleibigkeit, Muskel-Skelett-Schmerzen und einem erhöhten Risiko chronischer Krankheiten führen. Darüber hinaus kann die ständige Nutzung digitaler Geräte zu einer digitalen Augenbelastung führen, was zu Trockenheit, Schmerzen und Unwohlsein führt.
- **Soziales Wohlbefinden** : Während digitale Plattformen Verbindungen fördern und es uns ermöglichen können, mit unseren Lieben in Kontakt zu bleiben, kann die übermäßige Nutzung dieser Tools unserem sozialen Wohlbefinden schaden. Online-Kommunikation kann zu einem Rückgang persönlicher Interaktionen, Gefühlen der Einsamkeit und Problemen mit Empathie, Vertrauen und emotionaler Intelligenz führen.
- **Kognitive Funktionen** : Eine übermäßige Abhängigkeit von digitalen Geräten kann zu einer verminderten Aufmerksamkeitsspanne, einer Beeinträchtigung des Gedächtnisses und Schwierigkeiten bei der Problemlösungsfähigkeit führen. Die ständige Flut an Informationen und Multitasking-Anforderungen können zu einer kognitiven Überlastung führen und es für den Einzelnen schwieriger machen, sich auf Informationen zu konzentrieren, sie zu verarbeiten und zu behalten.

Zusammenfassend lässt sich sagen, dass das Verständnis der Wissenschaft hinter der digitalen Sucht es uns ermöglicht, ihre Auswirkungen auf unser Wohlbefinden zu erkennen und fundierte Entscheidungen über unsere Beziehung zur Technologie zu treffen. Während wir die Prinzipien der digitalen Entgiftung und eines achtsamen Lebens weiter erforschen, lernen wir Strategien und Werkzeuge kennen, um uns von den negativen Auswirkungen der digitalen Sucht zu befreien und unser allgemeines Wohlbefinden zu verbessern.

4. Die Kunst des Aufräumens: Vereinfachen Sie Ihr digitales Leben

4.1 Bewertung und Reduzierung Ihres digitalen Fußabdrucks

Im heutigen digitalen Zeitalter häufen wir oft eine beträchtliche Menge an digitalem Durcheinander an, ohne es überhaupt zu merken – und dieses Durcheinander kann sowohl materielle als auch immaterielle negative Auswirkungen auf unser Leben haben. So wie eine überladene, unorganisierte physische Umgebung unsere Fähigkeit, effektiv zu funktionieren, beeinträchtigen kann, kann sich eine überfüllte digitale Umgebung negativ auf unseren Geisteszustand, unsere Arbeitseffizienz und unser allgemeines Wohlbefinden auswirken. Hier kommt das digitale Aufräumen ins Spiel – die Bewertung und Reduzierung unseres digitalen Fußabdrucks, um eine digitale Umgebung zu schaffen, die unsere achtsamen Lebensziele unterstützt und nicht behindert.

Beurteilung Ihrer Bedürfnisse und Ziele

Der erste Schritt im Prozess der digitalen Entrümpelung besteht darin, Ihre Bedürfnisse und Ziele in Bezug auf Ihr digitales Leben zu ermitteln. Überlegen Sie, welchen Zwecken Ihre aktuellen Geräte, Plattformen und Apps in Ihrem täglichen Leben dienen. Sind sie für Ihre Arbeit, Ihre Hobbys oder Ihr soziales Leben unerlässlich oder dienen sie lediglich als Ablenkung, die Ihre Zeit und Energie verschlingt? Gibt es Bereiche in Ihrem digitalen Leben, die besonders anfällig für Unordnung oder Zeitverschwendung sind? Wenn Sie genau wissen, was Sie in Ihrem digitalen Leben am meisten brauchen und schätzen, können Sie unnötige Elemente eliminieren und nur die Tools behalten, die einen positiven Beitrag zu Ihrem Leben leisten.

Entrümpeln Sie Ihre Geräte

Als nächstes ist es an der Zeit, die Unordnung zu beseitigen, die sich im Laufe der Zeit auf Ihren Geräten angesammelt hat. Dazu gehören die physischen Geräte selbst (Smartphones, Tablets, Laptops, Desktop-Computer usw.) sowie die darauf befindliche Software, Apps und Dateien. Beachten Sie die folgenden Tipps, um Ihre Entrümpelungsbemühungen zu optimieren:

- **Identifizieren und entfernen Sie ungenutzte oder unnötige Apps und Software:** Überprüfen Sie die auf Ihren Geräten installierten Apps und Software und identifizieren Sie alle Apps und Software, die Sie nicht mehr verwenden oder die Sie nicht mehr wertvoll finden. Deinstallieren Sie sie, um wertvollen Speicherplatz freizugeben und die damit verbundene visuelle und mentale Unordnung zu reduzieren.
- **Organisieren Sie Ihre Dateien und Ordner:** Durch das Gruppieren ähnlicher Dateien, das Erstellen einer klaren Ordnerstruktur und das Löschen oder Archivieren alter oder überflüssiger Dateien wird es

viel einfacher, in Ihrer digitalen Umgebung zu navigieren und wichtige Dokumente zu finden, was Ihnen letztendlich Zeit und Energie spart.

- **Bewerten und verwalten Sie Benachrichtigungen und Kommunikationstools:** Überlegen Sie, ob es für Sie von Vorteil wäre, Ihre Benachrichtigungseinstellungen anzupassen, um Ablenkungen während Ihrer konzentrierten Arbeit oder Freizeit zu minimieren. Bewerten Sie außerdem, welche Messaging- oder Kommunikationsplattformen für Sie am wichtigsten sind, und erwägen Sie eine Deinstallation, die Festlegung von „Bitte nicht stören"-Zeiten oder die Reduzierung der Benachrichtigungshäufigkeit für die weniger wichtigen Plattformen.

Zähmen Sie Ihren E-Mail-Posteingang

Für viele Menschen ist der E-Mail-Posteingang eine Hauptquelle für digitales Chaos – und damit für Stress. Um dieses Problem zu beheben, implementieren Sie die folgenden Strategien:

- **Abmelden von nicht unbedingt notwendigen Newslettern und Werbematerialien:** Überlegen Sie sorgfältig, ob jeder Newsletter oder jede Werbe-E-Mail, die Sie erhalten, wirklich einen Mehrwert für Sie darstellt, und wenn nicht, melden Sie sich ab. Dies reduziert die Menge an E-Mails, die täglich Ihren Posteingang füllen.
- **Richten Sie eine regelmäßige E-Mail-Verwaltungsroutine ein:** Machen Sie es sich zur Gewohnheit, E-Mails in festgelegten Abständen im Laufe Ihres Tages oder Ihrer Woche zu überprüfen, zu sortieren, zu beantworten und zu löschen, anstatt ständig auf jede eingehende Nachricht zu reagieren.

Dies kann dazu beitragen, Ablenkungen zu minimieren und sicherzustellen, dass Ihr Posteingang übersichtlich bleibt.

- **Nutzen Sie E-Mail-Ordner und Filter:** Erstellen Sie Ordner und wenden Sie Filter an, um Ihre eingehenden E-Mails zu organisieren, sodass wichtige Nachrichten leicht zugänglich sind und weniger dringende oder relevante E-Mails automatisch in bestimmte Ordner zur späteren Überprüfung gefiltert werden.

Optimieren Sie Ihre Social-Media-Präsenz

Für viele Menschen stellen Social-Media-Plattformen den ultimativen digitalen Zeitfresser und die Quelle von Unordnung dar. Um dieses Problem zu beheben, führen Sie die folgenden Schritte aus:

- **Bewerten und bereinigen Sie Ihre Social-Media-Konten:** Bewerten Sie, welche Social-Media-Plattformen Ihre persönlichen oder beruflichen Ziele wirklich unterstützen, und erwägen Sie die Deaktivierung, Löschung oder deutliche Einschränkung Ihrer Nutzung aller Plattformen, die dieses Kriterium nicht erfüllen.
- **Kuratieren Sie Ihre Feeds:** Überprüfen Sie die Liste der Personen, Organisationen oder Seiten, denen Sie folgen, und stellen Sie fest, ob deren Aktualisierungen mit Ihren Interessen, Werten oder Zielen übereinstimmen. Folgen Sie allen Quellen nicht mehr oder schalten Sie sie stumm, wenn sie übermäßig zum digitalen Durcheinander beitragen oder sich negativ auf Ihren Geisteszustand auswirken.
- **Begrenzen Sie Ihren Konsum:** Planen Sie bestimmte Zeiten für das Surfen in sozialen Medien

ein und legen Sie Zeitlimits für jede Sitzung fest, um sicherzustellen, dass Sie nicht zu unproduktiv oder gedankenlos surfen.

Indem Sie sich die Zeit nehmen, Ihren digitalen Fußabdruck aufzuräumen und zu optimieren, schaffen Sie nicht nur eine organisiertere und effizientere digitale Umgebung, sondern setzen auch wertvolle mentale Ressourcen frei, die für achtsamere und erfüllendere Unternehmungen eingesetzt werden können. Beginnen Sie also mit dem digitalen Aufräumprozess und erleben Sie die unzähligen Vorteile eines einfacheren, bewussteren digitalen Lebens.

4.1 Den digitalen Minimalismus umsetzen: Alte Dateien und Apps löschen

Was ist digitaler Minimalismus?

Unter digitalem Minimalismus versteht man die bewusste Vereinfachung Ihres digitalen Lebens, indem Sie sich nur auf das Wesentliche beschränken und Ablenkungen entfernen. Wenn Sie Ihren digitalen Raum aufräumen, schaffen Sie mehr Raum für Konzentration und Achtsamkeit in Ihrem Alltag. Eine saubere digitale Umgebung ermöglicht es Ihnen, Ihre Zeit produktiver und gezielter zu nutzen, was zu einem insgesamt gesteigerten Wohlbefinden führt.

In den folgenden Unterabschnitten werden wir einige praktische Strategien untersuchen, die Sie implementieren können, um Ihr digitales Leben zu vereinfachen.

4.1.1 Nicht benötigte Dateien löschen

Überprüfen Sie regelmäßig die auf Ihren Geräten gespeicherten Dateien, um festzustellen, welche nicht mehr nützlich oder relevant sind. Machen Sie es sich zur Gewohnheit, doppelte Dateien, veraltete Dokumente und alle anderen unnötigen Dateien, die sich im Laufe der Zeit angesammelt haben, zu löschen. Dies mag wie eine unbedeutende Aufgabe erscheinen, aber Sie werden überrascht sein, welchen Unterschied es im Hinblick auf einen saubereren Speicher und einen besser organisierten digitalen Arbeitsplatz macht.

- Erstellen Sie Ordner und Unterordner, um Ihre Dateien zu kategorisieren und sie entsprechend zu kennzeichnen. Dies erleichtert das Auffinden und Organisieren von Dokumenten und trägt dazu bei, künftig übermäßige Unordnung zu vermeiden.
- Nutzen Sie Cloud-Speicherdienste wie Google Drive oder Dropbox für Dateien, die nicht lokal auf Ihren Geräten gespeichert werden müssen. Dies trägt nicht nur dazu bei, den Speicher Ihrer Geräte frei zu halten, sondern stellt auch sicher, dass Ihre Dateien von jedem Gerät mit Internetzugang aus zugänglich sind. Denken Sie daran, Ihren Cloud-Speicher genauso sorgfältig zu organisieren wie Ihren lokalen Speicher.
- Sichern Sie wichtige Dateien und Dokumente regelmäßig auf einem externen Laufwerk oder einem Cloud-Dienst. Auf diese Weise können Sie beruhigt sein, wenn Sie sie jemals brauchen, weil Sie wissen, dass sie sicher und geschützt sind.

4.1.2 Deinstallieren Sie ungenutzte Apps und entrümpeln Sie Ihre Geräte

Nehmen Sie sich die Zeit, die Apps auf Ihren Geräten zu untersuchen und diejenigen zu löschen, die Sie nicht mehr verwenden oder die nur als Ablenkung dienen. Ein überfülltes Gerät ist eine ständige Quelle der Ablenkung und kann zu längerer Bildschirmzeit und digitaler Ermüdung führen.

- Bewerten Sie die Apps auf Ihrem Telefon oder Tablet und löschen Sie diejenigen, die keinen Zweck erfüllen oder keinen Mehrwert für Ihr Leben darstellen. Seien Sie rücksichtslos und behalten Sie nur das Nötigste.
- Organisieren Sie Ihre Apps auf Ihrem Startbildschirm neu, indem Sie sie in Ordner kategorisieren oder nach Funktion gruppieren. Dadurch wird die Navigation einfacher und Sie werden davon abgehalten, gedankenlos durch endlose Seiten mit Apps zu scrollen.
- Deaktivieren Sie unwichtige Benachrichtigungen, um Ablenkungen zu reduzieren und den Fokus aufrechtzuerhalten. Untersuchungen haben gezeigt, dass der ständige Empfang von Benachrichtigungen das Stress- und Angstniveau deutlich erhöhen kann.

4.1.3 E-Mail-Management-Strategien

Ein unorganisierter und überladener E-Mail-Posteingang kann eine erhebliche Quelle von Stress und Störungen sein. Durch die Umsetzung der folgenden Strategien können Sie Ihr digitales Leben vereinfachen und Ihre Produktivität steigern:

- Richten Sie eine Routine zum Überprüfen und Beantworten von E-Mails zu bestimmten Tageszeiten ein, anstatt Ihren Posteingang ständig zu überwachen. Dies kann Zeit für wichtigere Aufgaben gewinnen und unnötige Ablenkungen reduzieren.
- Nutzen Sie Ordner und Labels, um Ihre E-Mails zu kategorisieren und das Auffinden bestimmter Nachrichten zu erleichtern. Indem Sie Ihre E-Mails in

logische Kategorien sortieren, können Sie den Prozess der Verwaltung und Beantwortung von Nachrichten beschleunigen.
- Melden Sie sich regelmäßig von Newslettern, Werbe-E-Mails und Abonnements ab, die Sie nicht mehr interessieren oder keinen Mehrwert mehr für Ihr Leben darstellen. Dies trägt dazu bei, dass Ihr Posteingang übersichtlich bleibt und Sie weniger Zeit mit dem Sortieren irrelevanter E-Mails verbringen.

4.1.4 Social-Media-Detox

Soziale Medien können einen erheblichen Zeitfresser bedeuten und zum Gefühl der digitalen Überforderung beitragen. Probieren Sie die folgenden Strategien aus, um Ihren Social-Media-Konsum zu reduzieren und eine bewusstere digitale Existenz zu pflegen:

- Führen Sie ein Social-Media-Audit durch, indem Sie die Konten bewerten, denen Sie folgen, und diejenigen entfernen, die Sie nicht mehr interessieren oder die sich negativ auf Ihre geistige Gesundheit auswirken. Seien Sie wählerisch und folgen Sie nur Konten, die einen Mehrwert bieten, Ihren Interessen entsprechen oder zu persönlichem Wachstum anregen.
- Führen Sie eine regelmäßige Social-Media-Entgiftung durch, bei der Sie gänzlich Pausen von Social-Media-Plattformen einlegen. Nutzen Sie diese Zeit, um sich auf andere Aspekte Ihres Lebens zu konzentrieren, wie persönliche Entwicklung, Hobbys oder schöne Zeit mit Ihren Lieben zu verbringen.
- Wenden Sie Zeitmanagement- und Achtsamkeitsprinzipien auf Ihre Social-Media-Nutzung an, indem Sie im Laufe des Tages bestimmte Zeiten festlegen, zu denen Sie Ihre

Konten überprüfen, anstatt in untätigen Momenten gedankenlos zu scrollen.

Indem Sie sich den digitalen Minimalismus zu eigen machen und die oben beschriebenen Strategien anwenden, können Sie ein friedlicheres, effizienteres und achtsameres digitales Leben schaffen, was wiederum Ihr allgemeines Wohlbefinden fördert. Wenn Sie Ihre digitalen Umgebungen aufräumen, können Sie sich wieder konzentrieren und echte Verbindungen zu sich selbst und anderen priorisieren.

4.1 Die Kunst des Aufräumens: Vereinfachen Sie Ihr digitales Leben

Unser modernes Leben ist mit digitalen Informationen, Benachrichtigungen, Gadgets und Aufgaben überfüllt. Das ständige Geplapper unseres digitalen Lebens hinterlässt in uns ein Gefühl der Überwältigung, während wir versuchen, uns in diesem Ozean des digitalen Chaos zurechtzufinden. Hier sticht die Kunst des Aufräumens als wesentliche Fähigkeit hervor. Beim digitalen Aufräumen geht es darum, Ihren digitalen Raum zu vereinfachen, um eine organisierte und friedliche digitale Umgebung zu schaffen – einen Raum, in dem Ihre Aufmerksamkeit und Energie auf die Dinge konzentriert ist, die am wichtigsten sind.

4.1.1 Identifizieren Sie Ihr digitales Durcheinander

Der erste Schritt bei der Vereinfachung Ihres digitalen Lebens besteht darin, die Ursachen für digitales Durcheinander zu identifizieren. Dazu können gehören:

- E-Mails, Textnachrichten und Chat-Apps

- Social-Media-Konten, Updates und Benachrichtigungen
- Digitale Dateien, Fotos und Videos
- Apps, Gadgets und Abonnements
- Online-Artikel, Blogs und Websites
- Kalenderereignisse, Aufgabenlisten und Erinnerungen

4.1.2 Priorisieren Sie Ihre digitalen Bedürfnisse

Fragen Sie sich, welche digitalen Tools, Plattformen und Ressourcen im Alltag wirklich wichtig sind. Schreiben Sie eine Liste der wichtigsten Elemente und vergleichen Sie sie mit der Liste der von Ihnen identifizierten digitalen Unordnung. So erkennen Sie, auf welches Übergepäck Sie verzichten können, und können sich auf das Wesentliche konzentrieren.

4.1.3 Trennen und erneut verbinden

Planen Sie regelmäßige digitale Entgiftungssitzungen ein, bei denen Sie alle Ihre elektronischen Geräte, einschließlich Ihres Smartphones und Computers, ausschalten und Ihrem Geist und Körper etwas Ruhe gönnen. Sie werden erstaunt sein, wie erholt und konzentriert Sie sich nach einer digitalen Pause fühlen können, und es wird Ihnen helfen, besser mit sich selbst und den Menschen um Sie herum in Kontakt zu treten.

4.1.4 Zähmen Sie Ihren Posteingang

Ein überfüllter Posteingang kann zu einem schrecklichen Gefühl der Überforderung führen. So entrümpeln Sie Ihren Posteingang:

- Melden Sie sich von Newslettern und Werbe-E-Mails ab, die Sie nicht lesen oder benötigen
- Erstellen Sie Ordner oder Labels, um Ihre E-Mails nach Thema, Absender oder Priorität zu sortieren
- Verwenden Sie Filter und Regeln, um eingehende Nachrichten automatisch zu verwalten, z. B. um bestimmte Arten von E-Mails direkt an einen bestimmten Ordner zu senden
- Planen Sie tagsüber bestimmte Zeitfenster ein, um E-Mails zu lesen und zu beantworten, anstatt sie ständig zu prüfen, sobald sie eingehen

4.1.5 Räumen Sie Ihre digitalen Dateien auf

Ein überladener digitaler Arbeitsplatz kann Ihre Produktivität und Konzentration beeinträchtigen. So bereinigen Sie Ihre digitalen Dateien:

- Erstellen Sie eine klare und einfache Ordnerstruktur, um Ihre Dateien leicht zu finden
- Löschen Sie doppelte Dateien und Inhalte, die Sie nicht mehr benötigen
- Sichern Sie wichtige Dateien regelmäßig und speichern Sie sie in einem sicheren Cloud-Speicher oder auf einer externen Festplatte
- Benennen Sie Dateien mit aussagekräftigen Namen um, damit Sie sie leicht identifizieren können

4.1.6 Optimieren Sie Ihre sozialen Medien

Soziale Medien können sowohl ein Segen als auch ein Fluch sein. Daher ist es wichtig, darauf zu achten, wie Sie mit diesen Plattformen interagieren. So entrümpeln Sie Ihre sozialen Medien:

- Begrenzen Sie die Zeit, die Sie in sozialen Medien verbringen, indem Sie bestimmte Zeitfenster festlegen oder Apps wie Freedom oder StayFocusd verwenden
- Entfolgen Sie Konten, schalten Sie sie stumm oder verbergen Sie sie, wenn sie Ihrem Leben keinen Mehrwert, keine positive Einstellung oder kein Interesse verleihen
- Deaktivieren Sie App-Benachrichtigungen oder passen Sie sie an, um Unterbrechungen und Ablenkungen im Laufe Ihres Tages zu reduzieren
- Konzentrieren Sie sich auf die Interaktion mit Menschen, das Teilen hochwertiger Inhalte und die Pflege von Beziehungen, anstatt „Likes" oder Follower anzuhäufen

4.1.7 Vereinfachen Sie Ihre Apps und Gadgets

Eine gute Faustregel besteht darin, nur die Apps und Gadgets zu behalten, die Sie wirklich nutzen, die Ihnen das Leben erleichtern oder einen Mehrwert für Ihr Leben darstellen. So vereinfachen Sie Ihre Apps und Gadgets:

- Löschen Sie nicht verwendete Apps und deaktivieren Sie Push-Benachrichtigungen von nicht wesentlichen Apps
- Deaktivieren Sie nach Möglichkeit vorinstallierte Apps, die Sie nicht verwenden (Bloatware).
- Überprüfen Sie die Liste der auf Ihrem Computer installierten Software und deinstallieren Sie diejenigen, die Sie nicht mehr verwenden
- Erwägen Sie den Verkauf oder die Spende von Geräten, die Sie nicht mehr benötigen oder verwenden

4.1.8 Kuratieren Sie Ihren digitalen Konsum

Angesichts der Menge an Informationen, die täglich auf uns zukommt, ist es wichtig, selektiv und bewusst mit den Inhalten umzugehen, die wir konsumieren. So kuratieren Sie Ihren digitalen Konsum:

- Verwenden Sie einen RSS-Reader wie Feedly oder Inoreader, um Ihre Lieblingswebsites, Blogs oder Nachrichtenquellen zu abonnieren, anstatt sich in einem endlosen Kreislauf ziellosen Scrollens zu verlieren
- Erstellen Sie einen Lesezeichenordner mit Ihren Lieblingsartikeln, Videos oder anderen Ressourcen und nehmen Sie sich die Zeit, diese wertvollen Inhalte zu konsumieren
- Hören Sie sich Podcasts oder Hörbücher an, die Ihr Verständnis oder Wissen zu einem bestimmten Thema erweitern
- Seien Sie bei der Wahl Ihrer Unterhaltung anspruchsvoll und entscheiden Sie sich für Qualität statt Quantität

Indem Sie Ihr digitales Leben aufräumen, legen Sie den Grundstein für ein bewussteres, achtsameres und erfüllteres Leben. Machen Sie sich die Kunst des Aufräumens zunutze, um in allen Aspekten Ihres Lebens ein höheres Maß an Konzentration, Ruhe und Klarheit zu erreichen.

4.1 Digitales Durcheinander verstehen

Unter digitaler Unordnung versteht man die Ansammlung digitaler Dateien, E-Mails, Apps und Benachrichtigungen, die uns überfordern und von einem konzentrierten, produktiven und achtsamen Leben ablenken können. Diese digitalen Gegenstände können leicht unsere digitalen Geräte übernehmen und sich in unserem Privat- und

Arbeitsleben ausbreiten, was zu zerstreuten Gedanken, weniger Effizienz bei täglichen Aufgaben und einem schlechteren allgemeinen geistigen Wohlbefinden führt.

In einer Welt, in der es einen hohen Stellenwert hat, rund um die Uhr in Verbindung zu bleiben, und in der es immer schwieriger wird, dem digitalen Lärm zu entkommen, war es noch nie so wichtig, unsere virtuellen Räume aufzuräumen. Die Vereinfachung Ihres digitalen Lebens kann Stress reduzieren, die Konzentration und Produktivität steigern und die allgemeine psychische Gesundheit verbessern. In diesem Kapitel führen wir Sie durch praktische Tipps und Strategien, um Ihr digitales Leben aufzuräumen und zu vereinfachen.

4.1.1 Bewertung Ihrer digitalen Konsumgewohnheiten

Der erste Schritt zum Aufräumen Ihres digitalen Lebens besteht darin, Ihre digitalen Konsumgewohnheiten zu bewerten. Nehmen Sie sich etwas Zeit, um über Ihre täglichen Interaktionen mit Ihren Geräten nachzudenken und denken Sie über die folgenden Fragen nach:

- Wie viel Zeit verbringen Sie auf Ihren Geräten?
- An welchen Aktivitäten beteiligen Sie sich? Sind sie produktiv oder zeitraubend?
- Können Sie Auslöser identifizieren, die zu übermäßiger digitaler Nutzung oder digitalem Durcheinander führen?

Behalten Sie ein oder zwei Wochen lang den Überblick über Ihre digitalen Gewohnheiten, um besser zu verstehen, wo und wie sich digitale Unordnung auf Ihr Leben auswirkt. Auf diese Weise können Sie feststellen, welche Bereiche Ihres digitalen Lebens die meiste Aufmerksamkeit erfordern, und mit dem Aufräumen beginnen.

4.1.2 Bewältigung Ihres Posteingangs: E-Mail-Organisation

E-Mails sind ein wesentlicher Bestandteil des digitalen Durcheinanders. Viele von uns erhalten täglich Hunderte von E-Mails, was es schwierig macht, den Überblick über wichtige Nachrichten zu behalten und den Überblick zu behalten. Hier sind einige Tipps, die Ihnen beim Aufräumen Ihrer E-Mails helfen:

- **Melden Sie sich von unnötigen Newslettern und Werbeaktionen ab** : Bewerten Sie regelmäßig die Inhalte, die Sie in Ihrem Posteingang erhalten, und melden Sie sich von allem ab, was Ihrem Leben keinen Mehrwert bringt.
- **Erstellen Sie Ordner oder Labels** : Nutzen Sie die Organisationstools Ihres E-Mail-Clients, um Ihre E-Mails zu trennen und zu kategorisieren. Einige Beispielkategorien umfassen Persönliches, Arbeitsbezogenes, Finanzen und Abonnements. Dies erleichtert die Bearbeitung und Verwaltung Ihres Posteingangs.
- **Richten Sie eine Routine ein** : Nehmen Sie sich jeden Tag Zeit, um Ihre E-Mails zu prüfen und zu bearbeiten. So behalten Sie den Überblick über Ihren Posteingang und vermeiden, dass er außer Kontrolle gerät.

4.1.3 Dateien und Ordner verwalten

Durch die Organisation Ihrer digitalen Dateien und Ordner können Sie Zeit sparen, die Produktivität steigern und Stress reduzieren. Übernehmen Sie diese Gewohnheiten, um organisiert zu bleiben:

- **Erstellen Sie eine logische Dateistruktur** :
  Organisieren Sie Ihre Dateien in große Kategorien
  und erstellen Sie dann Unterordner, um Ihre Inhalte
  weiter aufzuschlüsseln. Der Schlüssel liegt darin,
  eine Struktur zu schaffen, die für Sie sinnvoll ist und
  die Sie konsequent beibehalten können.
- **Alte Dateien löschen oder archivieren** :
  Überprüfen Sie regelmäßig Ihre Dateien und löschen
  oder archivieren Sie diejenigen, die nicht mehr
  benötigt werden. Dadurch wird verhindert, dass Ihre
  Ordner überladen werden, und Sie bleiben
  organisiert.
- **Cloud-Speicher** : Erwägen Sie die Nutzung von
  Cloud-Speicherdiensten, um Ihre Dateien von
  mehreren Geräten aus zu speichern und darauf
  zuzugreifen sowie einen zentralen Ort zum Sichern
  wichtiger Dateien bereitzustellen.

4.1.4 Optimieren von Apps und Benachrichtigungen

Auf Smartphones und Tablets befinden sich oft unzählige
Apps und Benachrichtigungen, die zum digitalen
Durcheinander beitragen. Übernehmen Sie die Kontrolle
über Ihre Geräte durch:

- **Nicht verwendete Apps löschen** : Entfernen Sie
  alle Apps, die Sie selten oder nie verwenden. Dies
  hilft, Speicherplatz auf Ihrem Gerät freizugeben und
  visuelle Unordnung zu reduzieren.
- **Organisieren Sie Ihre Apps** : Organisieren Sie die
  verbleibenden Apps in Ordnern und gruppieren Sie
  sie nach ihrer Funktion oder Nutzungshäufigkeit.
  Dies erleichtert das Auffinden von Apps und sorgt für
  Ordnung auf Ihrem Gerät.
- **Benachrichtigungen verwalten** : Übermäßige
  Benachrichtigungen können ablenken und zur

digitalen Unordnung beitragen. Überprüfen Sie Ihre Benachrichtigungseinstellungen und passen Sie sie nach Ihren Wünschen an. Priorisieren Sie dabei die wichtigsten und deaktivieren Sie unnötige.

4.1.5 Grenzen festlegen: Von Geräten trennen

Erwägen Sie, „gerätefreie" Zeiten in Ihren Alltag zu integrieren, um die Kontrolle über Ihr digitales Leben zu erlangen. Legen Sie Richtlinien fest, wann und wo Sie Ihre Geräte verwenden, und legen Sie Grenzen gegenüber Familie und Freunden fest. Indem Sie die Zeit, die Sie mit Ihren Geräten verbringen, begrenzen, schaffen Sie mehr Möglichkeiten für sinnvolle und achtsame Erfahrungen in Ihrem täglichen Leben.

4.1.6 Digital Detox: Eine Pause machen

Abschließend sollten Sie über eine vorübergehende Pause von Ihren Geräten nachdenken, die auch als „digitale Entgiftung" bezeichnet wird. Eine digitale Entgiftung kann je nach Ihren persönlichen Bedürfnissen und Zielen einige Stunden bis zu einer Woche oder länger dauern. Wenn Sie sich Zeit zum Abschalten nehmen, können Sie die Vorteile der Vereinfachung Ihres digitalen Lebens voll ausschöpfen und erhalten die Motivation und Klarheit, eine aufgeräumte digitale Umgebung aufrechtzuerhalten.

Wenn Sie die oben genannten Strategien in die Praxis umsetzen, werden Sie eine Verbesserung Ihres geistigen Wohlbefindens, Ihrer Produktivität und Ihrer Freude für ein achtsameres und präsenteres Leben bemerken. Wir leben in einem digitalen Zeitalter, und das Lernen, unser digitales Leben aufzuräumen und zu vereinfachen, ist unerlässlich, um in unserer vernetzten Welt Gleichgewicht, Frieden und Konzentration zu finden.

4.1 Die Bedeutung des digitalen Aufräumens

In der heutigen hochgradig vernetzten Welt sind unsere digitalen Geräte zu einem integralen Bestandteil unseres täglichen Lebens geworden. Wir sind in hohem Maße auf Smartphones, Laptops und Tablets angewiesen, um zu arbeiten, zu kommunizieren und uns zu unterhalten. Doch die zunehmende Abhängigkeit von Technologie und Internet hat zu einer beispiellosen Anhäufung digitaler Unordnung geführt, die unser geistiges Wohlbefinden, unsere Konzentration und unsere Produktivität beeinträchtigen könnte. Digitales Aufräumen ist genauso wichtig wie das Aufräumen Ihres physischen Raums, um ein achtsameres und friedlicheres Leben zu schaffen.

4.1.1 Wie sich digitale Unordnung auf unser Leben auswirkt

Digitales Durcheinander kann alles sein, von einem überfüllten Posteingang, einer Flut irrelevanter Benachrichtigungen, unorganisierten Dateien und Ordnern bis hin zu einer Vielzahl ungenutzter Apps, die Speicherplatz auf Ihren Geräten beanspruchen. So wirkt sich digitales Durcheinander auf verschiedene Aspekte unseres Lebens aus:

1. **Psychische Gesundheit** : Der ständige Umgang mit digitalen Geräten und der Stress, einen überlasteten digitalen Raum zu verwalten, können zu Angstzuständen, Stress und Schlafstörungen führen. Auch das von Bildschirmen ausgestrahlte blaue Licht spielt eine Rolle bei der Störung unseres Schlafzyklus.

2. **Zeitmanagement** : Digitales Durcheinander macht es schwieriger, die benötigten Informationen oder Dateien zu finden, was zu Zeitverschwendung und Frustration führt. Außerdem verschlingt es wertvolle Zeit durch endloses Scrollen, Aufschieben und Multitasking.
3. **Konzentration und Produktivität** : Ein überladener digitaler Arbeitsplatz wirkt sich negativ auf unsere Konzentrationsfähigkeit aus und führt folglich zu einer verminderten Produktivität bei der Arbeit oder bei persönlichen Projekten.
4. **Sicherheit und Datenschutz** : Unorganisierte digitale Räume erschweren die Gewährleistung der Privatsphäre und können zu Sicherheitsverletzungen wie Identitätsdiebstahl oder Datenverlust führen.

4.1.2 Schritte zur Vereinfachung Ihres digitalen Lebens

Nachdem wir nun wissen, warum das Aufräumen unerlässlich ist, werfen wir einen Blick auf die Schritte, die Sie unternehmen müssen, um den Prozess der Vereinfachung Ihres digitalen Lebens einzuleiten.

1. Räumen Sie Ihren Posteingang auf

E-Mails sind oft die Hauptquelle für digitales Durcheinander. So entrümpeln Sie Ihren Posteingang:

- Melden Sie sich von allen Newslettern, Werbekampagnen oder Benachrichtigungen ab, mit denen Sie nicht interagieren oder die Sie für irrelevant halten.
- Erstellen Sie Ordner für verschiedene Arten von E-Mails (beruflich, privat, Finanzen usw.) und verwenden Sie Filterregeln, um E-Mails automatisch zu kategorisieren.

- Archivieren oder löschen Sie alte, nicht benötigte E-Mails.
- Planen Sie jeden Tag spezielle Zeitfenster für das Überprüfen und Beantworten von E-Mails ein, um ein ständiges Überprüfen der E-Mails zu vermeiden, das die Produktivität beeinträchtigt.

2. Räumen Sie Ihre Dateien und Ordner auf

Organisieren Sie digitale Dateien auf allen Geräten (Computer, Smartphones, Tablets), indem Sie die folgenden Schritte befolgen:

- Erstellen Sie eine einfache, intuitive Ordnerstruktur, um ähnliche Dateien zu gruppieren.
- Löschen Sie Dateien, die Sie nicht mehr benötigen, und sichern Sie wichtige Dateien zur sicheren Aufbewahrung extern oder im Cloud-Speicher.
- Verwenden Sie beschreibende Dateinamen, um das Auffinden von Dateien in Zukunft zu erleichtern.
- Bereinigen Sie Ihren Desktop-Bildschirm regelmäßig, um einen konzentrierten Arbeitsplatz zu gewährleisten.

3. Verwalten Sie Ihre Apps und Benachrichtigungen

Überprüfen Sie die auf Ihren Geräten installierten Apps und entfernen Sie alle Apps, die Sie nicht mehr verwenden oder die Sie als störend empfinden. Passen Sie App-Benachrichtigungen und -Einstellungen an, um diejenigen zu priorisieren, die für Sie relevant sind.

4. Beschränken Sie die Bildschirmzeit

Legen Sie Grenzen fest, wie viel Zeit Sie auf Ihren Geräten für nicht wesentliche Aktivitäten wie soziale Medien oder

Spiele verbringen. Nutzen Sie die integrierten Funktionen zur Bildschirmzeitüberwachung auf Ihren Geräten oder verwenden Sie Apps von Drittanbietern, um Ihre Nutzung zu überwachen und sich selbst zur Verantwortung zu ziehen.

5. Trennen Sie regelmäßig den Netzstecker

Erstellen Sie eine Routine, bei der Sie sich Zeit für Aktivitäten nehmen, die keine digitalen Geräte erfordern, wie Lesen, Sport treiben oder Zeit mit Ihren Lieben verbringen. Erwägen Sie eine digitale Entgiftung, die einige Stunden bis zu einer Woche oder länger dauern kann, um sich wieder mit der Offline-Welt zu verbinden und Ihrem Geist und Körper eine Pause von digitalen Ablenkungen zu gönnen.

4.1.3 Achtsamer Umgang mit Technologie

Beim digitalen Aufräumen geht es nicht nur darum, Überschüsse aus Ihrem digitalen Leben zu entfernen, sondern auch um den achtsamen Umgang mit Technologie. Integrieren Sie diese Gewohnheiten für ein bewussteres und achtsameres digitales Leben:

- Geben Sie Einzeltasking Vorrang vor Multitasking, um die Konzentration und Produktivität zu verbessern.
- Melden Sie sich von Ihren Social-Media-Konten ab, wenn Sie sie nicht nutzen, um der Versuchung, sinnlos zu scrollen, vorzubeugen.
- Verwenden Sie den Modus „Bitte nicht stören" oder den Flugmodus während konzentrierter Arbeitssitzungen, Zeit mit der Familie oder wenn Sie sich für den Tag entspannen.

- Planen Sie in Ihrer Routine bestimmte Zeiten ein, um soziale Medien oder aktuelle Nachrichten zu überprüfen, um zu vermeiden, dass Sie den ganzen Tag über mit Informationen überschwemmt werden.

Letztendlich ist die Vereinfachung Ihres digitalen Lebens ein iterativer Prozess, der regelmäßige Wartung und bewussten Einsatz erfordert. Indem Sie Ihre digitalen Räume aufräumen, die Bildschirmzeit verwalten und sich achtsame Gewohnheiten aneignen, können Sie ein fokussierteres, produktiveres und friedlicheres Leben schaffen, sowohl online als auch offline.

5. Achtsamkeit und Meditation: Den inneren Frieden in einer vernetzten Welt kultivieren

Die Vorteile von Achtsamkeit und Meditation in einer vernetzten Welt

In einer Welt, in der sich die digitale Landschaft ständig weiterentwickelt, kann es schwierig sein, Momente geistiger Ruhe und Gelassenheit zu finden. Die ständige Konnektivität durch Smartphones, soziale Medien und das Internet kann zu Ängsten, Stress und einem ständigen Gefühl der Ablenkung führen. Während technologische Fortschritte unser Leben zweifellos in vielerlei Hinsicht komfortabler gemacht haben, können sie sich auch negativ auf unser geistiges Wohlbefinden auswirken. Daher kann sich die Hinwendung zu Achtsamkeits- und Meditationspraktiken als wesentliches Instrument zur Wiederherstellung des Gleichgewichts, zur Förderung

geistiger Klarheit und zur Kultivierung des inneren Friedens
erweisen.

Achtsamkeit verstehen

Im Kern ist Achtsamkeit die Praxis, sich des gegenwärtigen
Augenblicks bewusster zu werden, ohne zu urteilen.
Dieses gesteigerte Bewusstsein erstreckt sich auf Ihre
Gedanken, Emotionen, Körperempfindungen und Ihre
Umgebung. Indem Sie Achtsamkeit kultivieren, können Sie
lernen, bewusster auf Ihre Gedanken und Gefühle zu
reagieren, anstatt einfach nur aus Gewohnheit oder
Autopilot zu reagieren.

Meditation als Achtsamkeitspraxis

Meditation ist eine der effektivsten Methoden, Achtsamkeit
zu entwickeln. Es gibt viele Formen der Meditation, aber die
meisten erfordern eine Kombination aus fokussierter
Aufmerksamkeit, offenem Bewusstsein und einer nicht
wertenden Haltung. Eine regelmäßige Meditationspraxis
kann dabei helfen, den Geist zu trainieren, präsent und
weniger reaktiv zu sein und besser darauf vorbereitet zu
sein, mit dem ständigen Reizstrom unserer digitalen Welt
umzugehen.

Die digitale Entgiftung: Sich wieder mit sich selbst und der Welt verbinden

Eine wirksame Methode, Achtsamkeit und Meditation in Ihr
Leben zu integrieren, ist die regelmäßige Durchführung
einer digitalen Entgiftung. Indem Sie Ihre Geräte
ausschalten, sich von sozialen Medien trennen und sich
Zeit für ruhiges Nachdenken nehmen, können Sie eine

Umgebung schaffen, die Achtsamkeit und Meditation
fördert.

Ein Digital Detox bedeutet nicht unbedingt, komplett auf
Technologie zu verzichten. Stattdessen geht es darum,
bestimmte Zeiten und Räume in Ihrem Tagesablauf
festzulegen, um gerätefrei zu sein. Dies kann so einfach
sein wie die Festlegung, dass die ersten und letzten 30
Minuten eines jeden Tages technikfrei sein sollen, oder so
kompliziert wie die Planung eines Wochenend-Retreats,
das der Achtsamkeit und der Wiederverbindung mit der
Natur gewidmet ist.

Achtsamkeitsübungen für den Alltag

Neben formellen Meditationssitzungen gibt es viele
alltägliche Aktivitäten, die zur Kultivierung der Achtsamkeit
beitragen können. Diese Praktiken lassen sich problemlos
in Ihren Alltag integrieren, selbst inmitten eines
geschäftigen, digital dominierten Lebensstils.

1. *Achtsames Essen* : Langsames und achtsames
   Essen verbessert nicht nur die Verdauung, sondern
   kann auch eine Achtsamkeitsübung sein. Indem Sie
   sich auf den Geschmack, die Textur und das Aroma
   jedes Bissens konzentrieren, können Sie sich auf
   den gegenwärtigen Moment konzentrieren und ein
   größeres Gefühl der Zufriedenheit und des
   Genusses Ihrer Mahlzeiten erleben.
2. *Gehmeditation* : Beim Gehen kann man die
   Möglichkeit haben, Achtsamkeit und Meditation zu
   üben. Konzentrieren Sie sich beim Gehen auf das
   Gefühl, dass Ihre Füße den Boden berühren, oder
   auf Ihre Atmung. Dies kann dazu beitragen, ein
   Gefühl der Präsenz und des Bewusstseins für den
   gegenwärtigen Moment zu entwickeln.

3. *Übungen zur tiefen Atmung* : Tiefe, langsame Atemzüge helfen dabei, das parasympathische Nervensystem des Körpers zu aktivieren, das der Stressreaktion entgegenwirkt. Indem Sie sich bewusst auf Ihren Atem konzentrieren, wenn Sie sich gestresst oder überfordert fühlen, können Sie einen Moment der Achtsamkeit und Ruhe in Ihren Tag bringen.
4. *Dankbarkeitstagebuch* : Das Führen eines Dankbarkeitstagebuchs kann Ihnen dabei helfen, Ihre Aufmerksamkeit auf die positiven Aspekte Ihres Lebens zu lenken. Diese Praxis kann den Geist trainieren, nach Dingen zu suchen, für die man dankbar sein kann, was wiederum ein Gefühl von Glück und Zufriedenheit fördert.

Das Bedürfnis nach ständiger Konnektivität loslassen

Letztendlich ist die Integration von Achtsamkeits- und Meditationspraktiken in Ihr Leben ein wesentlicher Schritt, um das unaufhörliche Bedürfnis nach digitaler Interaktion loszulassen. Indem Sie bestimmte Zeiten und Räume der Selbstbeobachtung und dem Abschalten widmen, können Sie eine gesündere Beziehung zur Technologie aufbauen – eine, die es Ihnen ermöglicht, in Ihrem digitalen Leben erfolgreich zu sein, ohne sich von ihr überfordert zu fühlen.

Denken Sie daran, dass Achtsamkeit und Meditation kein starres Programm sein sollen, sondern vielmehr ein flexibles Instrumentarium, das an Ihre individuellen Bedürfnisse und Ihren Lebensstil angepasst werden kann. Eine digitale Entgiftung und ein achtsames Leben in unserer vernetzten Welt können zu mehr geistiger Klarheit, innerem Frieden und allgemeinem Wohlbefinden beitragen.

5. Achtsamkeit und Meditation: Den inneren Frieden in einer vernetzten Welt kultivieren

Im digitalen Zeitalter ist unser Leben ständig mit Technologie verwoben. Smartphones, soziale Medien, E-Mail und unzählige andere Plattformen ermöglichen uns eine ständige Verbindung zur virtuellen Welt. Obwohl diese Tools sicherlich ihre Vorteile haben, können sie auch zu Stress-, Angst- und Trennungsgefühlen von unserem inneren Selbst beitragen. Infolgedessen haben sich Achtsamkeit und Meditation zu lebenswichtigen Praktiken für diejenigen entwickelt, die in einer zunehmend vernetzten Welt das Gleichgewicht wiederherstellen und den inneren Frieden fördern möchten.

5.1 Achtsamkeit und Meditation verstehen

Im Kern sind Achtsamkeit und Meditation Praktiken, die das Bewusstsein für den gegenwärtigen Moment fördern und eine tiefe Verbindung mit sich selbst fördern.

Unter Achtsamkeit versteht man die Praxis, die Aufmerksamkeit bewusst auf den gegenwärtigen Moment zu richten und dabei eine unvoreingenommene und aufgeschlossene Haltung beizubehalten. Diese Praxis ermutigt den Einzelnen, seine Gedanken, Gefühle und Körperempfindungen zu beobachten, ohne sich in Urteilen oder Bewertungen zu verfangen. Das Ziel der Achtsamkeit besteht darin, ein größeres Selbstbewusstsein zu kultivieren und eine mitfühlendere Beziehung zu sich selbst und der Welt zu entwickeln.

Meditation ist eine ergänzende Praxis zur Achtsamkeit, bei der es darum geht, sich gezielt Zeit zu nehmen, um sich auf ein bestimmtes Objekt, eine bestimmte Empfindung oder einen bestimmten mentalen Prozess zu konzentrieren und das Bewusstsein dafür zu entwickeln. Meditation kann viele Formen annehmen, wie zum Beispiel Atembewusstsein, Meditation der liebenden Güte oder geführte Visualisierung. Der Zweck der Meditation besteht darin, den Geist zu schulen, um Konzentration und Klarheit aufrechtzuerhalten und gleichzeitig ein Gefühl der inneren Ruhe und des Gleichmuts zu fördern.

5.2 Integrieren Sie Achtsamkeit und Meditation in Ihre digitale Entgiftung

Die Integration von Achtsamkeit und Meditation in Ihre digitale Entgiftung ist eine wirksame Möglichkeit, der Tendenz, sich in der virtuellen Welt zu verlieren, entgegenzuwirken und Ihr Gefühl des inneren Friedens zurückzugewinnen. Hier sind einige Möglichkeiten, diese Praktiken in Ihr tägliches Leben zu integrieren:

- **Fangen Sie klein an:** Nehmen Sie sich zunächst jeden Tag ein paar Minuten Zeit für Achtsamkeits- oder Meditationsübungen. Erhöhen Sie die Dauer schrittweise, wenn Sie mit den Techniken vertrauter werden und beginnen, die Vorteile zu spüren.
- **Schaffen Sie einen Meditationsraum:** Legen Sie einen ruhigen, komfortablen Bereich in Ihrem Zuhause als Meditationsraum fest. Dies kann eine Ecke Ihres Schlafzimmers, eine Stelle auf dem Boden Ihres Wohnzimmers oder sogar ein Kissen in der Nähe eines Fensters sein. Ein eigener Meditationsraum erleichtert die Etablierung einer konsistenten Praxis.

- **Machen Sie achtsame Pausen:** Machen Sie es sich zur Gewohnheit, über den Tag verteilt regelmäßig Pausen einzulegen, um Ihren Geist zu beruhigen und sich auf Ihren Atem zu konzentrieren. Dies kann so einfach sein wie ein paar tiefe Atemzüge an Ihrem Schreibtisch oder ein kurzer Spaziergang im Freien, um wieder mit der Natur in Kontakt zu kommen.
- **Begrenzen Sie die Bildschirmzeit:** Eines der Hauptziele einer digitalen Entgiftung besteht darin, die Belastung durch Bildschirme und digitale Geräte zu reduzieren. Legen Sie Grenzen für Ihre Technologienutzung fest, indem Sie beispielsweise Bildschirme unmittelbar vor dem Schlafengehen meiden oder bestimmte Zeiten für das Abrufen von E-Mails und sozialen Medien einplanen.
- **Entdecken Sie verschiedene Meditationstechniken:** Es stehen unzählige Meditationsmethoden und -techniken zur Verfügung. Scheuen Sie sich also nicht, verschiedene Optionen auszuprobieren, um diejenige zu finden, die zu Ihnen passt. Zu den beliebten Methoden gehören achtsames Atmen, Körperscans und Gehmeditation.
- **Treten Sie einer Meditationsgruppe oder einem Meditationskurs bei:** Das Üben von Meditation mit anderen kann eine hilfreiche Möglichkeit sein, Verantwortung zu übernehmen und Ihre Praxis zu vertiefen. Suchen Sie lokale Meditationsgruppen auf oder besuchen Sie einen Kurs in Ihrem örtlichen Yoga-Studio.

5.3 Die Vorteile von Achtsamkeit und Meditation in einer vernetzten Welt

Die Ausübung von Achtsamkeit und Meditation bietet eine Vielzahl von Vorteilen, die den Herausforderungen des digitalen Zeitalters entgegenwirken können, darunter:

- **Reduzierter Stress und Angst:** Zahlreiche Studien haben gezeigt, dass Achtsamkeits- und Meditationspraktiken zu einem geringeren Stress- und Angstniveau führen und emotionale Stabilität und Belastbarkeit fördern können.
- **Verbesserter Fokus und Konzentration:** Die Entwicklung des Bewusstseins für den gegenwärtigen Moment durch Meditation trainiert den Geist, fokussierter zu sein und weniger anfällig für Ablenkungen zu sein, was in einer Zeit der ständigen digitalen Verbindung eine unschätzbare Fähigkeit ist.
- **Größeres Selbstbewusstsein:** Durch konsequente Achtsamkeitspraxis können Einzelpersonen ein gesteigertes Selbstbewusstsein und eine größere emotionale Intelligenz erfahren, was sie in die Lage versetzt, fundiertere Entscheidungen zu treffen und effektiv auf herausfordernde Situationen zu reagieren.
- **Erhöhte Kreativität und Problemlösung:** Viele Menschen berichten, dass sie nach einer Meditations- oder Achtsamkeitssitzung eine größere Kreativität und eine gesteigerte Fähigkeit verspüren, „über den Tellerrand hinaus" zu denken.
- **Tiefere Verbindung zum gegenwärtigen Moment:** Die Entwicklung einer Wertschätzung für den gegenwärtigen Moment kann dazu beitragen, dass sich Einzelpersonen weniger von der rasanten Geschwindigkeit der digitalen Welt überwältigt fühlen und sich wirklich mit den Erfahrungen und Menschen in ihrem Leben verbinden.

Indem Sie Achtsamkeit und Meditation in Ihre digitale Entgiftung integrieren, können Sie die Kontrolle über Ihren Technologieeinsatz wiedererlangen und ein größeres Gefühl von innerem Frieden und Harmonie fördern. Das

Ergebnis ist ein ausgeglicheneres und erfüllteres Leben in unserer schnelllebigen, vernetzten Welt.

5.1 Die Bedeutung von Achtsamkeit und Meditation im digitalen Zeitalter

5.1.1 Warum Achtsamkeit und Meditation wichtig sind

Im Zeitalter der ständigen Konnektivität wird unser Geist ständig mit einem endlosen Strom an Informationen, Benachrichtigungen und digitalen Ablenkungen bombardiert. Während diese Fortschritte einen beispiellosen Komfort und Zugang zu Informationen ermöglicht haben, haben sie auch heimtückische Auswirkungen auf unsere geistige Gesundheit und allgemeine Lebensqualität. Die Notwendigkeit von Achtsamkeit und Meditation war im heutigen digitalen Zeitalter noch nie so wichtig, da beide Praktiken ein zugängliches und wirksames Mittel bieten, um inmitten des Chaos wieder Gleichgewicht und inneren Frieden zu finden.

Bei Achtsamkeit geht es im Kern um Bewusstsein und Präsenz. Es geht darum, sich Ihrer Gedanken, Emotionen und Empfindungen in Ihrem Körper völlig bewusst zu sein, wenn sie alle auftauchen, ohne Ablenkung oder Wertung. Dieses Bewusstsein für den gegenwärtigen Moment ermöglicht es Ihnen, eine tiefere Verbindung zu sich selbst aufzubauen und jeden Aspekt Ihres Lebens wirklich zu erleben, frei von Lärm und Unordnung, die so oft unseren Alltag in einer digital dominierten Welt durchdringen.

Ebenso ist Meditation eine tiefgreifende Praxis, die über Zeit und religiöse Konventionen hinausgeht. Diese auf altem Wissen verwurzelte Praxis ist weithin für ihre bemerkenswerte Wirkung auf das geistige und physiologische Wohlbefinden anerkannt. Das Hauptziel der Meditation besteht darin, eine tiefe Entspannung und einen konzentrierten, störungsfreien Geisteszustand zu erreichen, indem der Geist trainiert wird, auch inmitten von Chaos und Unruhe ruhig und konzentriert zu bleiben.

5.1.2 Praktiken zum Abschalten und Kultivieren des inneren Friedens

Durch die regelmäßige Ausübung von Achtsamkeit und Meditation ist es trotz der Verbreitung digitaler Ablenkungen möglich, den inneren Frieden in einer vernetzten Welt zurückzugewinnen. Hier sind einige wirksame Methoden, die Sie in Ihr tägliches Leben integrieren können, damit Ausgeglichenheit und Ruhe herrschen:

1. **Absichtliche digitale Entgiftung** : Nehmen Sie sich bestimmte Zeiten und Zeiträume vor, um sich von digitalen Geräten zu trennen, und konzentrieren Sie sich bewusst auf andere Aktivitäten, in die Sie völlig eintauchen können – sei es Lesen, Kochen oder Zeit mit Ihren Lieben verbringen. Dieses bewusste Bemühen, abzuschalten, fördert die Achtsamkeit, indem es Ihnen ermöglicht, bei jedem Unterfangen völlig präsent zu sein, frei von den Ablenkungen, die so oft unsere täglichen Erfahrungen durchdringen.

2. **Achtsames Atmen** : Richten Sie Ihre Aufmerksamkeit den ganzen Tag über auf Ihren Atem, insbesondere wenn Sie sich überfordert fühlen oder dem Ansturm digitaler Ablenkungen ausgesetzt sind. Ruhiges und gleichmäßiges Ein- und Ausatmen kann Ihnen helfen, im gegenwärtigen Moment zu verankern, Ihnen Zuflucht vor äußerem Chaos zu bieten und Sie in einen Zustand des inneren Friedens zu versetzen.

3. **Körperscans** : Überprüfen Sie regelmäßig Ihren Körper, um Anzeichen von Anspannung oder Unbehagen zu bemerken, und nutzen Sie dieses Bewusstsein als Hinweis, um körperliche oder kognitive Belastungen abzubauen. Durch regelmäßige Körperscans fördern Sie nicht nur die Entspannung, sondern werden auch besser auf die subtilen Veränderungen in Ihrem Körper eingestellt und fördern so einen ganzheitlichen Ansatz für inneren Frieden.

4. **Meditation** : Meditieren Sie regelmäßig, beginnen Sie mit nur ein paar Minuten am Tag und steigern Sie die Dauer schrittweise, wenn Sie mit der Praxis vertrauter werden. Es gibt unzählige Meditationstechniken, die Sie erkunden können, von der einfachen Beobachtung Ihres Atems bis hin zu strukturierteren Praktiken wie liebevoller Güte oder geführten Bildmeditationen. Was auch immer Sie bevorzugen, die konsequente Ausübung der Meditation verbessert Ihre Fähigkeit, digitale Ablenkungen wahrzunehmen und zu bewältigen, sodass Sie auch im Trubel konzentriert und entspannt bleiben können.

5. **Eintauchen in die Natur** : Nehmen Sie sich Zeit für einen Aufenthalt in der Natur, abseits der Hektik des modernen Lebens. Dies kann ein Spaziergang im Park oder die Planung eines Wochenendausflugs in eine ruhige Naturumgebung sein. Die Ruhe und Schönheit der Natur wirken beruhigend auf unseren Geist und tragen dazu bei, die negativen Auswirkungen der ständigen Konnektivität zu mildern.

5.1.3 Die Vorteile eines achtsamen und meditativen Lebensstils

Durch die Integration von Achtsamkeit und Meditation in Ihr Leben können Sie eine Vielzahl von Vorteilen erleben, die weit über die Bekämpfung der Auswirkungen der digitalen Überlastung hinausgehen:

- **Reduzierter Stress und Ängste** : Achtsamkeits- und Meditationspraktiken sind weithin für ihre wirkungsvollen stressabbauenden Eigenschaften bekannt, da sie auf natürliche Weise dazu beitragen, Spannungen abzubauen und den Frieden in Körper und Geist wiederherzustellen.
- **Erhöhter Fokus und Konzentration** : Diese Übungen erfordern die Entwicklung und Verfeinerung der Fähigkeit, die Aufmerksamkeit auf einen einzelnen Punkt zu richten, sei es der Atem, ein Mantra oder eine bestimmte Empfindung im Körper. Dadurch erfahren Sie mehr geistige Klarheit und die Fähigkeit, sich leichter auf Aufgaben und Verantwortlichkeiten zu konzentrieren.
- **Erhöhtes Selbstbewusstsein** : Mit der Vertiefung des Bewusstseins für den gegenwärtigen Moment vertieft sich auch Ihre Verbindung zu sich selbst. Dieses verbesserte Selbstbewusstsein ermöglicht Ihnen ein tieferes Verständnis Ihrer Denkmuster, emotionalen Auslöser und unbewussten Gewohnheiten und ermöglicht es Ihnen, gesündere, bewusstere Verhaltensweisen zu entwickeln.
- **Höhere emotionale Belastbarkeit** : Durch regelmäßige Achtsamkeits- und Meditationsübungen entwickeln Sie eine gesteigerte Fähigkeit, mit herausfordernden Emotionen und Situationen geschickt umzugehen, und ermöglichen so Widerstandsfähigkeit gegenüber Widrigkeiten.
- **Verbesserte körperliche Gesundheit** : Untersuchungen haben gezeigt, dass diese Praktiken einen bemerkenswerten Einfluss auf die

körperliche Gesundheit haben, der von einem reduzierten Cortisolspiegel und einem niedrigeren Blutdruck bis hin zu einer verbesserten Immunität und gesünderen Schlafmustern reicht.

Zusammenfassend lässt sich sagen, dass es angesichts des rasanten technologischen Fortschritts der modernen Gesellschaft immer wichtiger wird, Achtsamkeit und Meditation inmitten des digitalen Chaos zu priorisieren. Indem wir uns die Zeit nehmen, den Netzstecker zu ziehen und den inneren Frieden zu kultivieren, statten wir uns nicht nur mit den Werkzeugen aus, um mit digitalen Ablenkungen geschickt umzugehen, sondern offenbaren auch eine tiefere Verbindung zu uns selbst und unserer Welt.

5.1 Achtsamkeit und Meditation in einer digitalen Welt verstehen

In der heutigen Welt ertrinken wir ständig in einem Meer aus digitalen Gadgets, Social-Media-Benachrichtigungen und geschäftlichen E-Mails. Da wir immer mehr an unsere Geräte gebunden sind, kann es eine unglaubliche Herausforderung sein, inneren Frieden zu finden und mit dem gegenwärtigen Moment verbunden zu bleiben. Der übermäßige Einsatz von Technologie beeinträchtigt unsere geistige Konzentration, unsere körperliche Gesundheit und unser emotionales Wohlbefinden. Wir verspüren ständig den Drang, unsere Telefone zu überprüfen, auch wenn keine neue Nachricht oder Benachrichtigung vorliegt. Diese Besessenheit hat es wichtiger denn je gemacht, Achtsamkeit und Meditation in unser Leben zu integrieren, um uns besser in der vernetzten Welt zurechtzufinden.

Was ist Achtsamkeit?

Achtsamkeit ist ein Geisteszustand, der dadurch erreicht wird, dass man sich auf den gegenwärtigen Moment konzentriert und gleichzeitig seine Gefühle, Gedanken und Körperempfindungen ruhig anerkennt und akzeptiert, ohne zu urteilen. Dabei geht es darum, auf den Prozess und nicht auf den Inhalt unserer Erfahrungen zu achten. Indem wir ganz im Moment präsent sind, können wir mit mehr Bewusstsein, Verständnis und innerem Frieden leben.

Was ist Meditation?

Meditation ist eine Praxis, bei der Einzelpersonen bestimmte Techniken wie die Konzentration auf ihren Atem oder mentale Visualisierung anwenden, um einen geistig klaren und emotional ruhigen Zustand zu erreichen. Dabei geht es darum, den Geist zu trainieren, um Konzentration, Klarheit, emotionale Positivität und einen ruhigen Blick auf die wahre Natur der Dinge zu entwickeln. Die Meditation kann je nach individueller Vorliebe und Komfort mehrere Minuten bis Stunden dauern.

Der Zusammenhang zwischen Achtsamkeit und Meditation

Achtsamkeit und Meditation sind miteinander verbundene Praktiken, die dabei helfen, inneren Frieden, Selbstbewusstsein und emotionales Gleichgewicht zu fördern. Während Achtsamkeit ein Seinszustand ist, ist Meditation eine Aktivität, die dabei hilft, diesen Zustand zu erreichen. Das Praktizieren von Achtsamkeitsmeditation kann Ihnen dabei helfen, eine achtsame Herangehensweise an den Alltag zu entwickeln, die es Ihnen ermöglicht, sich von der ständigen Anziehungskraft digitaler Ablenkungen zu befreien und im gegenwärtigen Moment zu leben.

5.2 Vorteile von Achtsamkeit und Meditation im digitalen Zeitalter

1. **Erhöhte Selbstwahrnehmung** : Indem Sie lernen, auf Ihre Gedanken, Gefühle und körperlichen Empfindungen zu achten, können Sie sich Ihres inneren Zustands bewusster werden und Einblicke in Ihre emotionalen Muster gewinnen. Achtsamkeit und Meditation helfen Ihnen, negative Denkmuster zu erkennen und zu ändern und so Ihr emotionales Wohlbefinden zu verbessern.
2. **Reduzierter Stress und Ängste** : Die ständige Bombardierung digitaler Reize belastet unseren Stresspegel. Durch die Ausübung der Achtsamkeitsmeditation wird Stress reduziert, indem das parasympathische Nervensystem aktiviert wird, was Ihnen hilft, in einen entspannten Zustand zu gelangen. Indem Sie lernen, sich auf Ihren Atem zu konzentrieren, können Sie Ihre Aufmerksamkeit von ängstlichen Gedanken abwenden und die Kontrolle über Ihre Emotionen erlangen.
3. **Verbesserte Konzentration und Konzentration** : Der kontinuierliche Fluss von Benachrichtigungen, Nachrichten und Informationen aus mehreren digitalen Quellen kann unseren Fokus fragmentieren und es schwierig machen, sich auf wichtige Aufgaben zu konzentrieren. Das Üben von Achtsamkeit und Meditation hilft Ihnen, die Kontrolle über Ihre Aufmerksamkeit zurückzugewinnen, was zu einer verbesserten Produktivität und Konzentration auf anstehende Aufgaben führt.
4. **Erhöhte emotionale Intelligenz** : Achtsamkeit und Meditation ermöglichen es Ihnen, Ihre Gedanken und Gefühle zu beobachten, ohne impulsiv darauf zu reagieren. Dies hilft Ihnen, ein ausgeprägtes

emotionales Bewusstsein und Empathie für sich
selbst und andere zu entwickeln und die
zwischenmenschlichen Beziehungen sowohl im
persönlichen als auch im beruflichen Bereich zu
verbessern.

5. **Ausgewogener Einsatz von Technologie** : Wenn
Sie Achtsamkeitsmeditation in Ihr Leben integrieren,
können Sie eine gesündere Beziehung zur
Technologie aufbauen. Wenn Sie sich Ihrer
Gedanken und Handlungen bewusster werden,
können Sie bewusste Entscheidungen darüber
treffen, wann Sie sich mit digitalen Geräten
beschäftigen und wann Sie davon Abstand nehmen,
was zu einem achtsameren Umgang mit Technologie
führt.

5.3 Achtsamkeits- und Meditationstechniken für Digital Detox

5.3.1 Achtsames Atmen

Eine der einfachsten und effektivsten
Achtsamkeitsmeditationstechniken ist das achtsame Atmen.
Bei dieser Übung richten Sie Ihre Aufmerksamkeit auf Ihren
Atem, während dieser in Ihren Körper ein- und ausströmt.
Verwenden Sie die folgenden Schritte, um achtsames
Atmen zu üben:

- Suchen Sie sich einen ruhigen und bequemen Platz
  zum Sitzen in aufrechter Position mit geradem
  Rücken.
- Schließen Sie die Augen und atmen Sie ein paar Mal
  tief durch, indem Sie langsam durch die Nase ein-
  und durch den Mund ausatmen.

- Konzentrieren Sie sich auf Ihr natürliches Atemmuster und beobachten Sie beim Atmen die Bewegung Ihrer Brust, Ihres Brustkorbs und Ihres Zwerchfells.
- Wenn Ihre Gedanken abschweifen, konzentrieren Sie sich wieder sanft auf Ihren Atem, ohne zu urteilen.
- Üben Sie 5–10 Minuten lang und verlängern Sie die Dauer schrittweise, wenn Sie mit der Übung vertrauter werden.

5.3.2 Bodyscan-Meditation

Die Bodyscan-Meditation ist eine Achtsamkeitstechnik, bei der die Aufmerksamkeit systematisch auf verschiedene Körperteile geachtet wird. Diese Technik steigert das Bewusstsein für Körperempfindungen, fördert die Entspannung und kann eine hilfreiche Übung vor dem Schlafengehen sein. Um die Bodyscan-Meditation zu praktizieren:

- Legen Sie sich in einer bequemen Position auf den Rücken.
- Beginnen Sie mit Ihren Füßen und bewegen Sie sich nach oben durch Ihren Körper. Richten Sie Ihre Aufmerksamkeit nacheinander auf jeden Teil Ihres Körpers.
- Nehmen Sie alle Empfindungen oder Spannungen wahr, ohne sie zu beurteilen, und lassen Sie sie los, damit die Entspannung an ihre Stelle tritt.
- Verbringe etwas Zeit mit jedem Körperteil, bevor du zum nächsten übergehst, und arbeite dich dabei bis zum Scheitel deines Kopfes vor.
- Wenn Sie mit dem Scannen Ihres gesamten Körpers fertig sind, konzentrieren Sie sich für einige Momente

wieder auf Ihren Atem, bevor Sie die Meditation beenden.

5.3.3 Achtsame Gerätenutzung

Da digitale Technologie ein unvermeidlicher Teil unseres Lebens ist, ist es wichtig, achtsame Gewohnheiten bei der Nutzung digitaler Geräte zu entwickeln. Hier sind einige Tipps für eine achtsame Gerätenutzung:

- Legen Sie festgelegte Zeiten für das Abrufen von E-Mails und Social-Media-Konten fest, anstatt auf jede Benachrichtigung zu reagieren, sobald sie eintrifft.
- Seien Sie bei Ihren sozialen Interaktionen, ob persönlich oder virtuell, vollständig präsent, indem Sie Ihre Geräte weglegen und der Person, mit der Sie zusammen sind, Ihre volle Aufmerksamkeit schenken.
- Richten Sie technikfreie Zonen und Zeiten ein, z. B. während der Mahlzeiten oder vor dem Schlafengehen, um routinemäßige Phasen der Trennung von digitalen Ablenkungen zu schaffen.
- Verwenden Sie Apps, die die Bildschirmzeit verfolgen und begrenzen oder Meditation und Achtsamkeit fördern, wie Headspace, Calm oder Moment, um Ihre digitale Entgiftungsreise zu unterstützen.

Die Integration von Achtsamkeits- und Meditationspraktiken in Ihren Alltag kann Ihnen dabei helfen, inneren Frieden und ein ausgewogenes Verhältnis zur Technologie zu fördern. Seien Sie während Ihrer gesamten Reise geduldig und sanft mit sich selbst und denken Sie daran, dass das ultimative Ziel darin besteht, ein vernetzteres, präsenteres und sinnvolleres Leben zu führen.

Achtsamkeit und Meditation: Den inneren Frieden in einer vernetzten Welt kultivieren

Einleitung: Eine Welt voller Ablenkungen

In der heutigen hypervernetzten Welt umgeben uns Ablenkungen in Form von Benachrichtigungen, E-Mails, sozialen Medien und Nachrichtenaktualisierungen. Während diese technologischen Fortschritte Komfort bieten und uns dabei helfen, in Verbindung zu bleiben, ist es für den Geist leicht, überfordert und ängstlich zu werden und den Kontakt zu der wesentlichen inneren Ruhe und Konzentration zu verlieren, die wir zum Gedeihen brauchen.

Nachhaltiges Wohlbefinden basiert heute mehr denn je auf der Fähigkeit, Achtsamkeit und inneren Frieden auch in unserem vernetzten Leben zu kultivieren. In dieser immer geschäftigeren Welt müssen wir lernen, unseren Geist darauf zu trainieren, uns zu konzentrieren, mit Stress umzugehen und das Gleichgewicht zu bewahren, indem wir achtsame Praktiken wie Meditation in unser tägliches Leben integrieren.

Was ist Achtsamkeit?

Achtsamkeit ist ein Geisteszustand, der dadurch erreicht wird, dass Sie Ihre Aufmerksamkeit und Ihr Bewusstsein bewusst auf den gegenwärtigen Moment richten und Ihre Gefühle, Gedanken und Körperempfindungen ruhig anerkennen und akzeptieren. Das ultimative Ziel besteht darin, ein vorurteilsfreies Bewusstsein für die Ereignisse in uns und um uns herum zu entwickeln.

Durch Achtsamkeit können wir automatische negative Gedanken und Reaktionen reduzieren, die Selbstwahrnehmung steigern und uns auf den gegenwärtigen Moment konzentrieren. Dieser zentrierte Geisteszustand trägt zur Verbesserung des emotionalen und mentalen Wohlbefindens bei und macht uns widerstandsfähiger bei der Bewältigung der Herausforderungen des Lebens.

Meditation: Ein Werkzeug zur Kultivierung von Achtsamkeit

Meditation ist eine alte Praxis, die seit Jahrhunderten zur Kultivierung der Achtsamkeit eingesetzt wird, indem sie ein fokussiertes, nicht wertendes Bewusstsein für den gegenwärtigen Moment fördert. Es gibt verschiedene Arten der Meditation, darunter:

1. **Fokussierte Aufmerksamkeitsmeditation** : Bei dieser Art der Meditation konzentriert sich der Praktizierende auf einen einzelnen Fokuspunkt, beispielsweise seinen Atem, ein Mantra oder einen Klang oder ein visuelles Objekt. Wenn die Aufmerksamkeit vom Brennpunkt abweicht, muss der Praktiker sie sanft und ohne Wertung zurückbringen.
2. **Body-Scan-Meditation** : Bei dieser Art der Meditation richten Sie Ihre Aufmerksamkeit auf jeden Teil Ihres Körpers, angefangen bei den Zehen bis hin zum Kopf, und beobachten dabei alle vorhandenen Empfindungen oder Spannungen ohne Urteil.
3. **Meditation der liebenden Güte** : Diese Meditation ermutigt die Praktizierenden, Gefühle des Mitgefühls und der Liebe für sich selbst, geliebte Menschen, Fremde und sogar Feinde zu entwickeln. Dabei geht es darum, den Geist darauf zu fokussieren, positive

Emotionen zu fördern und sie auf andere auszurichten.

4. **Achtsamkeitsbasierte Stressreduktion (MBSR)** : MBSR wurde von Jon Kabat-Zinn entwickelt und ist ein achtwöchiges Programm, das Achtsamkeitsmeditation, Übungen zur Körperwahrnehmung und Yoga kombiniert. MBSR verbessert nachweislich das geistige Wohlbefinden, senkt den Stresspegel und erhöht die allgemeine Lebenszufriedenheit.

Durch regelmäßiges Meditieren kann man seine Achtsamkeitsmuskulatur stärken und den mentalen Lärm, der zu Stress, Ängsten und anderen negativen Emotionen beiträgt, effektiv beruhigen.

Tipps zur Integration von Achtsamkeit und Meditation in Ihren Alltag

Es kann entmutigend wirken, Achtsamkeit und Meditation in einen bereits vollen Terminkalender zu integrieren. Denken Sie jedoch daran, dass bereits wenige Minuten pro Tag bemerkenswerte Vorteile bringen können. Hier sind einige Tipps, die Ihnen beim Aufbau einer nachhaltigen Praxis helfen.

1. **Fangen Sie klein an** : Versuchen Sie, nur ein paar Minuten pro Tag zu meditieren und die Dauer im Laufe der Zeit schrittweise zu steigern. Sie können geführte Meditations-Apps nutzen oder lokale Kurse besuchen, um zunächst zu helfen.
2. **Erstellen Sie eine Routine** : Integrieren Sie Meditation in Ihren Tagesablauf, idealerweise jeden Tag zur gleichen Zeit. Es kann direkt nach dem Aufwachen, zur Mittagszeit oder vor dem Schlafengehen sein.

3. **Bestimmen Sie einen Meditationsraum** : Schaffen Sie einen komfortablen, ruhigen Raum für Ihre Meditationspraxis. Sie können Kissen, Decken, Kerzen oder andere Elemente verwenden, die ein Gefühl der Ruhe und Entspannung vermitteln.

4. **Konzentrieren Sie sich auf Ihren Atem** : Eine der einfachsten Meditationstechniken besteht darin, sich auf Ihren Atem zu konzentrieren. Atmen Sie tief ein und spüren Sie, wie die Luft Ihre Lungen füllt. Atmen Sie langsam aus und spüren Sie, wie der Atem Ihren Körper verlässt.

5. **Üben Sie den ganzen Tag über Achtsamkeit** : Kultivieren Sie Achtsamkeit, indem Sie Ihren Fokus auf den gegenwärtigen Moment richten. Beachten Sie bei jeder Aktivität die unterschiedlichen Sinneserfahrungen, Emotionen und Gedanken, die ohne Urteil entstehen.

6. **Seien Sie geduldig und mitfühlend** : Es ist ganz natürlich, dass der Geist während der Meditation abschweift. Wenn dies geschieht, lenken Sie Ihren Fokus sanft um, ohne zu urteilen oder zu frustrieren. Entwickeln Sie Selbstmitgefühl und Geduld mit Ihren Fortschritten.

Abschluss

In einer sich schnell verändernden Welt voller Ablenkungen und Stressfaktoren ist es umso wichtiger, unserem geistigen und emotionalen Wohlbefinden Priorität einzuräumen. Indem wir Achtsamkeit kultivieren und Meditationspraktiken in unser tägliches Leben integrieren, können wir inneren Frieden fördern, unsere Beziehungen zu uns selbst und anderen verbessern und unsere allgemeine Lebensqualität verbessern. Nehmen Sie sich die Zeit, den Netzstecker zu ziehen und Ihre innere Welt zu pflegen, auch inmitten des Chaos der Außenwelt.

6. Sinnvolle Verbindungen pflegen: Offline-Gespräche annehmen

Echte Konversation in einer digitalen Welt neu definieren

Im digitalen Zeitalter, in dem wir heute leben, sind Geräte zu einem integralen Bestandteil unseres täglichen Lebens geworden. Ob bei der Arbeit, mit Familie und Freunden in Kontakt bleiben oder sich über Neuigkeiten informieren – wir sind auf das Internet angewiesen, um rund um die Uhr in Verbindung zu bleiben. Während Technologie ein wesentliches Werkzeug ist, um uns zu beschäftigen, hat sie auch die Art und Weise, wie wir miteinander kommunizieren, verändert. Die ständige Ablenkung durch Benachrichtigungen, Summen und Piepen führt oft zu oberflächlichen Verbindungen und lässt uns die Bedeutung echter, bedeutungsvoller Gespräche vergessen.

In diesem Kapitel werden wir untersuchen, warum die Teilnahme an Offline-Gesprächen für unsere geistige Gesundheit und unsere Beziehungen von entscheidender Bedeutung ist und wie wir beginnen können, sinnvolle Verbindungen zu pflegen, ohne dass ein Bildschirm erforderlich ist.

Die Kraft der persönlichen Interaktion

Persönliche Gespräche haben die einzigartige Kraft, zwischenmenschliche Verbindungen zu fördern. Sie ermöglichen es uns, die Emotionen der Menschen, mit denen wir kommunizieren, zu sehen und zu fühlen – sei es ein Lächeln oder eine Träne, ein Nicken oder ein

Stirnrunzeln – und entsprechend zu reagieren. Diese nonverbalen Hinweise ermöglichen es uns, Vertrauen, Verständnis und Empathie aufzubauen, was letztendlich zu tieferen und bedeutungsvolleren Beziehungen führt.

Darüber hinaus ermutigt uns die Teilnahme an Offline-Interaktionen, bessere Zuhörer zu werden und der Person vor uns ungeteilte Aufmerksamkeit zu schenken. Sich die Zeit zu nehmen, den Gedanken, Erfahrungen und Gefühlen einer Person wirklich zuzuhören, ermöglicht einen wertvollen Austausch von Ideen und Verständnis.

Trennen, um die Verbindung wiederherzustellen

Um bedeutendere Offline-Verbindungen zu pflegen, müssen wir uns zunächst von unseren Geräten trennen und in die physische Welt um uns herum eintauchen. Legen Sie zunächst bestimmte Zeiten in Ihrem Tag fest, zu denen Sie Ihre Geräte beiseite legen und persönlich mit Ihren Mitmenschen kommunizieren. Das kann bedeuten, gemeinsam zu essen, spazieren zu gehen oder sich einfach zu einem Gespräch hinzusetzen. Die Idee besteht darin, sich in diesen Momenten bewusst darum zu bemühen, präsent und aufmerksam zu sein.

Geben Sie bedeutungsvollen Gesprächen die Zeit und den Raum, die sie verdienen, indem Sie:

- Benachrichtigungen ausschalten: Schalten Sie Ihr Telefon stumm oder versetzen Sie es in den Ruhemodus, um Ablenkungen während Gesprächen zu minimieren.
- Festlegen von gerätefreien Zonen: Legen Sie Bereiche in Ihrem Zuhause oder Büro als gerätefreie Zonen fest, in denen Sie abschalten und sinnvolle Gespräche mit anderen führen können.

- Planen Sie regelmäßige Offline-Zeiten ein: Machen Sie es sich zur Gewohnheit, regelmäßige Offline-Zeiten einzuplanen, um mit Freunden, Familie und Angehörigen in Kontakt zu treten.
- Üben Sie aktives Zuhören: Bemühen Sie sich bewusst, der Person, mit der Sie sprechen, aktiv zuzuhören und ihre Gedanken und Gefühle anzuerkennen.

Tipps für die Teilnahme an Offline-Gesprächen

Um sich wieder mit der Kunst einer sinnvollen Konversation zu verbinden, sollten Sie die folgenden Schritte in Betracht ziehen:

1. **Teilen Sie Geschichten und persönliche Erfahrungen** : Tauchen Sie tiefer ein als bei Gelegenheits-Smalltalk und teilen Sie Ihre Gedanken, Überzeugungen und Gefühle authentisch – so entstehen dauerhafte Verbindungen.
2. **Stellen Sie offene Fragen** : Vermeiden Sie Fragen, die zu einer einfachen „Ja"- oder „Nein"-Antwort führen. Stellen Sie stattdessen Fragen, die zu eingehenden Diskussionen anregen und es der anderen Person ermöglichen, ihre Meinung zu äußern.
3. **Zeigen Sie Empathie** : Versetzen Sie sich in die Lage der anderen Person und versuchen Sie wirklich, ihre Gefühle, Gedanken und Perspektive zu verstehen. Schenken Sie ihnen Ihre Anwesenheit und ungeteilte Aufmerksamkeit.
4. **Umarmen Sie die Stille** : Es ist ganz natürlich, dass es während eines Gesprächs zu Momenten der Stille kommt. Anstatt sich gezwungen zu fühlen, die Stille zu füllen, nehmen Sie sie an und schätzen Sie sie

als Chance, Ihre Gedanken und Gefühle zu verarbeiten.

5. **Vermeiden Sie es, andere zu unterbrechen** : Werden Sie ein aufmerksamerer Zuhörer, indem Sie vermeiden, andere zu unterbrechen, selbst wenn es um gut gemeinte Ratschläge oder Anregungen geht. Geben Sie der anderen Person die Freiheit, sich voll und ganz auszudrücken.

Fördern Sie eine tiefere Kommunikation mit Ihren Lieben

Wenn Sie Schritte unternehmen, um sinnvolle Offline-Gespräche zu pflegen, denken Sie darüber nach, diese Praxis auch in Ihren engsten Beziehungen zu nutzen – zu Ihrer Familie, Ihrem Partner und Ihren liebsten Freunden. Es ist wichtig, bewusste und konsequente Anstrengungen zu unternehmen, um qualitativ hochwertige, persönliche Zeit mit denen zu verbringen, die uns am meisten am Herzen liegen.

Probieren Sie Aktivitäten aus, die eine gesunde Kommunikation und Bindung fördern, wie zum Beispiel:

- Regelmäßige Familienessen ohne Geräte
- Gemeinsam an Hobbys oder Interessen teilnehmen
- In den Urlaub fahren oder Wochenendausflüge machen
- Zusammenarbeit an persönlichen Projekten oder Zielen

Indem wir Offline-Gespräche nutzen und auf unsere Kommunikationspraktiken achten, können wir bedeutungsvollere Verbindungen herstellen und tiefere Beziehungen zu den Menschen um uns herum pflegen, fernab von den Ablenkungen unserer digitalen Welt.

Denken Sie daran, es geht nicht nur darum, die Verbindung zu unseren Geräten zu trennen; Es geht darum, wieder Kontakt zu den Menschen aufzunehmen, die uns am Herzen liegen, und die Schönheit jedes gemeinsam verbrachten Moments zu erleben.

Warum Offline-Gespräche wichtig sind

In einer Welt, die zunehmend von digitaler Kommunikation dominiert wird, ist es wichtig, sich daran zu erinnern, wie wichtig Offline-Gespräche für den Aufbau und die Pflege der wirklich wichtigen Verbindungen sind. Trotz der Bequemlichkeit und weit verbreiteten Nutzung digitaler Kommunikationsmethoden fehlt ihnen eine wichtige Zutat für die Pflege starker Beziehungen: Präsenz. Und bei Präsenz geht es nicht nur darum, physisch mit jemandem zusammen zu sein, sie geht darüber hinaus, es ist die Erfahrung, Momente zu teilen, sich zu öffnen und eine echte Verbindung zu spüren. Dieses Kapitel bietet einen Einblick, wie und warum die Nutzung von Offline-Gesprächen einen tiefgreifenden Mehrwert für Ihr persönliches und berufliches Leben bringen kann.

Die Vorteile von Offline-Gesprächen

1. **Erhöhtes Einfühlungsvermögen und emotionale Verbindung** : Auch wenn Online-Kommunikation effizient erscheinen mag, kann sie oft zu einem Mangel an emotionaler Verbindung führen. Persönliche Gespräche fördern Verständnis und Empathie; Durch nonverbale Hinweise und emotionale Nuancen werden Botschaften auf einer tieferen Ebene kommuniziert.
2. **Reduzierte Missverständnisse** : In der schriftlichen oder Online-Kommunikation können Nachrichten oft

missverstanden oder falsch interpretiert werden, da Gesichtsausdrücke und Stimmlagen fehlen. Offline-Gespräche verringern die Wahrscheinlichkeit solcher Missverständnisse und ermöglichen es Ihnen, Ihre Gedanken effektiver zu vermitteln.

3. **Bindungsaufbau** : Der persönliche Austausch von Erfahrungen, Gedanken und Emotionen ist eine wirksame Möglichkeit, starke Bindungen zu Freunden, Familie und Kollegen aufzubauen. Diese gemeinsamen Erfahrungen sind die Grundlage tief verwurzelter Bindung und Vertrauen, die für gesunde Beziehungen unerlässlich sind.

4. **Persönliches Wachstum** : Gespräche, die offline stattfinden, führen oft zu persönlichem Wachstum und einem gesteigerten Selbstbewusstsein. Die Teilnahme an nachdenklichen oder herausfordernden Diskussionen kann Ihre Perspektiven erweitern und Ihr Verständnis der Welt und der Menschen um Sie herum vertiefen.

5. **Größeres Selbstvertrauen in der Kommunikation** : Die Praxis der persönlichen Kommunikation kann zu mehr Selbstvertrauen führen, da es Ihnen leichter fällt, sich auszudrücken und sich in sozialen Situationen zurechtzufinden. Dies kann wiederum zu persönlichem und beruflichem Erfolg führen.

So fördern Sie Offline-Gespräche

1. **Nehmen Sie sich Zeit für persönliche Interaktionen** : Es ist wichtig, persönliche Momente zu priorisieren, auch wenn das bedeutet, dass Sie sich manchmal die Mühe machen müssen. Planen Sie regelmäßige Treffen, Telefonanrufe oder Videoanrufe mit engen Freunden und Familienmitgliedern, damit Sie Ihre Beziehungen pflegen und pflegen können.

2. **Setzen Sie technologische Grenzen** : Offline-Gespräche zu ermöglichen bedeutet, Grenzen bei Ihren digitalen Geräten zu setzen. Richten Sie in Ihrem Zuhause Zonen ein, in denen Smartphones und andere elektronische Geräte tabu sind, wie zum Beispiel den Esstisch, um angeregte Gespräche während des Essens zu fördern.

3. **Seien Sie präsent und aufmerksam** : Vermeiden Sie Ablenkungen, wenn Sie von Angesicht zu Angesicht kommunizieren. Bemühen Sie sich bewusst, der Person, mit der Sie sprechen, Ihre volle Aufmerksamkeit zu schenken, indem Sie Augenkontakt herstellen und aktiv zuhören, was sie zu sagen hat. Das Üben von Achtsamkeit während Gesprächen kann Ihnen helfen, andere besser zu verstehen und mit ihnen in Kontakt zu treten.

4. **Seien Sie sich der Verletzlichkeit bewusst** : Erlauben Sie sich, bei Offline-Gesprächen offen, ehrlich und verletzlich zu sein. Indem Sie Ihre Gedanken, Meinungen und Gefühle preisgeben, laden Sie andere dazu ein, dasselbe zu tun, was zu bedeutungsvolleren und emotional verbundeneren Gesprächen führt.

5. **Fördern Sie Empathie** : Bemühen Sie sich bei der persönlichen Kommunikation, die Perspektiven, Bedürfnisse und Emotionen anderer zu verstehen und sich in sie hineinzuversetzen. Indem Sie Empathie zeigen, stärken Sie nicht nur Ihre Beziehungen, sondern schaffen auch sichere Räume für Erkundung und Wachstum.

Wir gehen weiter

In einer Welt voller digitaler Ablenkungen und oberflächlicher Gespräche ist die Suche und Nutzung von Offline-Verbindungen für Wohlbefinden und persönliches

Wachstum von entscheidender Bedeutung. Der einfache Akt, persönlichen Gesprächen mit den Menschen in Ihrem Leben Priorität einzuräumen, kann einen tiefgreifenden Einfluss auf Ihre Beziehungen und Ihr allgemeines Glück haben. Erwägen Sie außerdem, Ihr soziales Netzwerk durch verschiedene Offline-Aktivitäten zu erweitern, z. B. durch den Beitritt zu Clubs, die Teilnahme an Workshops oder die Aufnahme von Gruppenhobbys.

Unterschätzen Sie nicht die Wirkung von Offline-Gesprächen auf die Förderung von Empathie, die Stärkung von Bindungen und die Bereicherung Ihres Lebens. Es ist an der Zeit, unsere Geräte beiseite zu legen und mit den Menschen und der Welt um uns herum in Kontakt zu treten. Schließlich ist die Fähigkeit, uns als Menschen tief miteinander zu verbinden, eines unserer wertvollsten Güter.

Aufbau tieferer Bindungen durch persönliche Interaktionen

In der heutigen schnelllebigen digitalen Welt kann es allzu einfach sein, sich für die Bequemlichkeit der Online-Kommunikation gegenüber persönlichen Gesprächen zu entscheiden. Auch wenn die Vorteile, die Instant Messaging und soziale Medien mit sich bringen, nicht zu leugnen sind, ist es wichtig, sich daran zu erinnern, wie wertvoll es ist, sich zusammenzusetzen und mit jemandem persönlich in Kontakt zu treten. Wenn wir Prioritäten setzen und sinnvolle Offline-Gespräche führen, können wir stärkere und erfüllendere Beziehungen aufbauen – ein wichtiger Aspekt eines achtsamen Lebens.

Die Kraft des persönlichen Gesprächs

Als Menschen sind wir von Natur aus soziale Wesen. Wir leben von Interaktion und Verbindung, und einige der tiefgreifendsten Erfahrungen in unserem Leben sind gemeinsame Momente mit anderen. Während soziale Medien und andere Online-Plattformen diese Verbindungen grundsätzlich erleichtern können, ist es wichtig zu erkennen, dass sie die einzigartige Romantik, Wärme und Authentizität persönlicher Gespräche nicht ersetzen können. Hier untersuchen wir einige der entscheidenden Gründe, warum die Teilnahme an Offline-Gesprächen äußerst lohnend sein kann:

1. Verbesserte Empathie und emotionale Konnektivität: Wenn wir einen physischen Raum mit einer anderen Person teilen, können wir nicht nur durch Worte, sondern auch durch Augenkontakt, Körpersprache und Mimik kommunizieren. Diese nonverbalen Hinweise liefern wertvolle Einblicke in die Emotionen und Gedanken anderer und fördern tieferes Einfühlungsvermögen, Verständnis und emotionale Bindung.

2. Verbesserte Zuhörfähigkeiten: In einer digitalen Konversation ist es allzu leicht, Multitasking zu betreiben oder sich ablenken zu lassen, was zu oberflächlichem Engagement und schlechteren Kommunikationsfähigkeiten führt. Persönliche Gespräche hingegen fordern unsere volle Aufmerksamkeit und bieten die Möglichkeit, aktives Zuhören zu üben – eine unschätzbar wertvolle Fähigkeit für alle Lebensbereiche.

3. Kontext und Klarheit: Textbasierte Kommunikation kann einschränkend sein, da wichtige Nuancen aufgrund der Flachheit getippter Nachrichten oft verloren gehen. Es kann leicht zu Missverständnissen kommen, die zu verletzten Gefühlen oder unnötigen Konflikten führen. Im Gegensatz dazu ermöglicht die reichhaltige persönliche Kommunikation mehr Klarheit und Verständnis, da wir

verbale und nonverbale Signale beobachten und darauf
reagieren können.

4. Aufbau von Vertrauen und Authentizität: Online-
Interaktionen mit ihrem Schwerpunkt auf einer sorgfältig
verwalteten Selbstdarstellung können Oberflächlichkeit und
Unechtheit fördern. Im Gegensatz dazu bieten Offline-
Gespräche eine genauere Darstellung dessen, wer wir sind,
und ermöglichen es anderen, unser „wirkliches" Ich
kennenzulernen. Dies trägt dazu bei, das Vertrauen zu
festigen und die Bindung zu unseren Lieben zu vertiefen.

Tipps zur Pflege sinnvoller Offline-Gespräche

Nachdem wir nun die vielen Vorteile persönlicher
Gespräche untersucht haben, wollen wir uns mit einigen
umsetzbaren Tipps für die Pflege dieser Verbindungen
befassen:

1. Priorisieren Sie persönliche Treffen: Um tiefere und
befriedigendere Beziehungen zu pflegen, ist es wichtig,
dass wir uns aktiv dafür entscheiden, persönliche
Interaktionen zu einer Priorität in unserem Leben zu
machen. Planen Sie bewusst regelmäßige persönliche
Treffen mit Freunden, Familie und Kollegen, indem Sie sich
Zeit für Mahlzeiten, Ausflüge oder einfache Spaziergänge
nehmen.

2. Seien Sie präsent und aufmerksam: Seien Sie bei
Gesprächen völlig präsent und aufmerksam gegenüber der
Person, mit der Sie sprechen. Bemühen Sie sich bewusst,
aktiv zuzuhören, Augenkontakt zu halten und eine offene
Körpersprache zu verwenden, um Ihr Engagement zu
signalisieren.

3. Geräte ausschalten: Eine der effektivsten Möglichkeiten, eine echte Verbindung zu anderen zu fördern, besteht darin, potenzielle Ablenkungen zu eliminieren. Bemühen Sie sich bei einem Treffen mit jemandem bewusst, Ihre Geräte stumm zu schalten oder sie sogar auszuschalten. Dies zeigt Respekt und gibt dem Gespräch Priorität.

4. Stellen Sie offene Fragen: Fördern Sie tiefergehende Gespräche, indem Sie Fragen stellen, die zur Ausarbeitung und Diskussion einladen. Indem Sie sich eingehender mit einem Thema befassen oder Ihre eigenen Erfahrungen teilen, können Sie echte Einsicht, Verständnis und Empathie fördern.

5. Nehmen Sie die Verletzlichkeit an: Seien Sie bereit, Ihre authentischen Gedanken, Gefühle und Erfahrungen zu teilen, auch wenn Sie sich dadurch verletzlich fühlen. Diese Offenheit kann eine echte Verbindung und ein echtes Verständnis ermöglichen und dazu beitragen, innigere und vertrauensvollere Beziehungen zu fördern.

Zusammenfassend lässt sich sagen, dass Offline-Gespräche ein wesentlicher Bestandteil sinnvoller Beziehungen sind und unser emotionales Wohlbefinden erheblich steigern können. Indem wir die Bedeutung der persönlichen Interaktion erkennen und diese Verbindungen aktiv pflegen, können wir einen wichtigen Schritt in Richtung eines achtsamen Lebens machen.

Offline-Gespräche annehmen: Die verlorene Kunst des Verbindens zurückerobern

Obwohl Social-Media-Plattformen und elektronische Geräte uns endlose Verbindungen versprechen, verbinden wir uns immer noch wirklich mit anderen? In einer immer vernetzten digitalen Welt hat unsere Abhängigkeit von Bildschirmen und Online-Plattformen zu einer Kluft bei realen Gesprächen geführt und Freundschaften, Beziehungen und familiäre Bindungen gefährdet.

Es wurde viel über die schädlichen Auswirkungen der Bildschirmzeit diskutiert, aber was ist mit den verpassten Gelegenheiten, mit anderen in Kontakt zu treten, neue Erfahrungen auszutauschen oder gemeinsam unvergessliche Erinnerungen zu schaffen? In diesem Kapitel werden wir untersuchen, warum es wichtig ist, die verlorene Kunst der persönlichen Gespräche zurückzugewinnen, und wie Sie sinnvolle Verbindungen offline pflegen können.

Die Kraft echter Interaktion

Persönliche Gespräche sind für die Förderung echter menschlicher Beziehungen unerlässlich. Menschliche Anwesenheit und Blickkontakt vertiefen das gegenseitige Verständnis und körperliche Berührungen wie Umarmungen oder ein Schulterklopfen wirken sich hormonell positiv aus und steigern unser allgemeines Wohlbefinden. Echte Interaktion schafft ein gemeinsames Erlebnis, auf dem beide Parteien aufbauen, von dem sie profitieren und das sie schätzen können.

Nichts kann die emotionale Intensität ersetzen, die durch reale Verbindungen erreicht wird. Soziale Signale wie Körpersprache und Tonfall können durch digitale Kommunikation einfach nicht auf die gleiche Weise vermittelt werden. Diese Nuancen sind für den Aufbau von Vertrauen, Empathie und Kameradschaft von grundlegender Bedeutung und müssen durch persönliche Gespräche gepflegt werden.

Nehmen Sie sich Zeit für Offline-Gespräche

Wenn unsere Aufmerksamkeitsspanne kürzer wird und wir von unseren Bildschirmen desillusioniert werden, können wir eine aktive Entscheidung treffen, unseren Fokus auf die Offline-Welt zu verlagern. Hier sind einige Möglichkeiten, Raum für bereichernde Gespräche zu schaffen:

1. **Setzen Sie Grenzen für die digitale Nutzung** : Legen Sie bestimmte Zeiträume fest, in denen Sie auf elektronische Geräte verzichten sollten, z. B. eine Stunde vor dem Zubettgehen oder einen Tag am Wochenende, und ermutigen Sie Familienmitglieder, dasselbe zu tun. Nutzen Sie diese Zeit, um ins Gespräch zu kommen, gemeinsam eine Mahlzeit zu genießen oder sich erfüllenden Aktivitäten zu widmen.
2. **Schaffen Sie sichere Räume für Diskussionen** : Gespräche und Diskussionen verdienen ein gewisses Maß an Bedeutung, das heißt, sie erfordern eine ungestörte Umgebung – frei von digitalen Unterbrechungen oder Ablenkungen. Richten Sie in Ihrem Zuhause einen Gemeinschaftsraum ein, etwa ein Wohnzimmer oder eine Terrasse, in dem sich alle zum Gedanken- und Ideenaustausch treffen können.
3. **Erklären Sie Zonen ohne Bildschirme** : Bibliotheken, Parks und Veranstaltungsorte im Freien sind perfekte Orte für Gespräche, ohne Ablenkungen durch Bildschirme. Nutzen Sie diese Zufluchtsorte, um mit Freunden, Familie oder sogar Fremden in Kontakt zu treten und so Ihr soziales Netzwerk zu erweitern.

4. **Fördern Sie offene Gespräche** : Fördern Sie offene Diskussionen, indem Sie sinnvolle Fragen stellen, die sich eingehender mit persönlichen Erfahrungen, Werten und Bestrebungen befassen. Vermeiden Sie es, das Gespräch ausschließlich auf Klatsch oder Smalltalk zu lenken. Konzentrieren Sie sich stattdessen auf tiefgründige Diskussionen, die dauerhafte Verbindungen schaffen.

5. **Nehmen Sie sich Zeit für Einzelgespräche** : Entscheiden Sie sich nach Möglichkeit für Einzelgespräche anstelle von Gruppentreffen. Persönliche Treffen mit Freunden, Familie oder Kollegen bieten einen intimen Rahmen für Bindung, Verständnis und Wertschätzung, der in Gruppendynamiken nicht oft zu finden ist.

6. **Aktiv zuhören** : Nehmen Sie Ihre Rolle als aktiver Zuhörer an und seien Sie für die Person da, die das Gespräch beginnt. Bestätigen Sie ihre Gefühle, nehmen Sie ihre Geschichte auf und zeigen Sie Empathie – diese Maßnahmen werden viel dazu beitragen, eine starke Verbindung aufzubauen.

Offline eine Community aufbauen

Die Teilnahme an Offline-Gesprächen ist für den Aufbau von Communities und Support-Netzwerken unerlässlich. Persönliche Interaktionen schaffen ein Gefühl der Einheit, das für das allgemeine Wohlbefinden von entscheidender Bedeutung ist, während Online-Interaktionen häufig Vergleiche und Konkurrenz fördern und nur einen begrenzten Teil des Lebens einer Person offenbaren.

Indem wir offline mit Menschen in Kontakt treten, entwickeln wir echte Beziehungen, die alle Facetten unserer Persönlichkeit widerspiegeln, nicht nur die Highlights, die wir für unsere Online-Präsenz auswählen. Während wir die reale Welt annehmen, erkennen wir, dass die Pflege sinnvoller Verbindungen das Gegenmittel gegen die Entfremdung und Verzweiflung ist, die sich aus unserer digitalen Existenz ergeben.

Denken Sie daran, dass Absicht der Schlüssel zu spannenden Offline-Gesprächen ist. Nehmen Sie sich Zeit für persönliche Interaktionen und integrieren Sie einen sinnvollen Austausch in Ihren Alltag. Auf diese Weise werden Sie die unermesslichen Vorteile echter Verbindungen erleben – eine verbesserte geistige Gesundheit und ein besseres emotionales Wohlbefinden sowie ein Gefühl der Zugehörigkeit und Wertschätzung.

Es ist an der Zeit, die Verbindungen im Hier und Jetzt zu trennen und zu pflegen. Lassen Sie uns also die verlorene Kunst der Offline-Gespräche annehmen und die Freude an menschlichen Verbindungen wiederentdecken.

Persönliche Interaktionen: Die Kraft der menschlichen Verbindung

In unserer immer vernetzten digitalen Welt könnte man argumentieren, dass die Kommunikation einfacher denn je geworden ist. Mit nur wenigen Fingertipps und Wischbewegungen können wir mit kilometerweit entfernten Freunden und Angehörigen in Kontakt bleiben, sofort Nachrichten senden und dank Übersetzungstools sogar mit Menschen aus anderen Kulturen kommunizieren, ohne deren Sprache zu kennen.

Es stimmt zwar, dass das digitale Zeitalter unzählige Möglichkeiten der Kontaktaufnahme mit sich gebracht hat, es hat aber auch dazu geführt, dass viele von uns den Wert der persönlichen Interaktion vergessen haben.

Tatsächlich führt die Bequemlichkeit der digitalen Kommunikation oft dazu, dass wir die Person, die direkt vor uns sitzt, ignorieren. In diesem Kapitel werden wir die Bedeutung der Teilnahme an Offline-Gesprächen und die Wiederentdeckung der Kraft menschlicher Verbindungen untersuchen.

Die Wissenschaft hinter der persönlichen Kommunikation

Es gibt mehrere Gründe, warum persönliche Gespräche eine größere Bedeutung haben als ihre digitalen Gegenstücke. Zunächst einmal binden diese Interaktionen alle unsere Sinne ein – Sehen, Hören, Fühlen – und ermöglichen so ein differenzierteres und mehrdimensionales Verständnis der übermittelten Botschaften. Wir verstehen auch den Kontext, in dem es weitergegeben wird, besser, was zu umfassenderen Kommunikationserlebnissen führt.

Jüngste Studien haben sogar gezeigt, dass die Kommunikation von Angesicht zu Angesicht das Einfühlungsvermögen und das Vertrauen zwischen Einzelpersonen in einer Weise fördert, die mit Online-Chats einfach nicht möglich ist. Dies ist teilweise auf die Bildung nonverbaler Signale wie Mimik, Gestik, Tonfall und Augenkontakt zurückzuführen, die für die Schaffung eines Gefühls der Verbindung und des Verständnisses zwischen Menschen unerlässlich sind.

Es ist auch bekannt, dass das Hormon Oxytocin, das oft als „Liebeshormon" bezeichnet wird, in Momenten körperlicher Berührung und sozialer Bindung ausgeschüttet wird, wodurch unsere Bindungen gestärkt werden und wir ein größeres Zugehörigkeitsgefühl erleben können. Mit anderen Worten: Körperliche Präsenz ist nicht nur für eine effektive

Kommunikation unerlässlich, sondern spielt auch eine entscheidende Rolle für unser emotionales Wohlbefinden.

Möglichkeiten für Offline-Gespräche schaffen

Um mehr persönliche Interaktionen oder Offline-Gespräche zu fördern, sollten Sie zunächst erkennen, wie wichtig es ist, den Netzstecker zu ziehen und den Menschen um Sie herum Ihre volle Aufmerksamkeit zu schenken. Es ist wichtig, dem Drang zu widerstehen, bei geselligen Zusammenkünften alle paar Minuten auf Ihr Telefon zu schauen oder Nachrichten zu beantworten, da diese Gewohnheiten Sie daran hindern, im Moment vollständig präsent zu sein.

Hier sind einige Schritte, die Sie unternehmen können, um Offline-Gespräche zu ermöglichen:

1. **Setzen Sie mit der Technologie Grenzen** : Legen Sie bestimmte Zeiten fest, zu denen Sie sich mit digitalen Geräten beschäftigen können, und vermeiden Sie deren Nutzung zu anderen Zeiten, insbesondere wenn Sie mit anderen zusammen sind. Richten Sie in Ihrem Zuhause „gerätefreie" Zonen ein, etwa Schlafzimmer oder den Esstisch, und stellen Sie sicher, dass alle Mitglieder Ihres Haushalts diese Grenzen respektieren.
2. **Planen Sie regelmäßige persönliche Treffen** : Bemühen Sie sich, regelmäßige persönliche Treffen mit Freunden, Familie oder Kollegen zu vereinbaren. Dazu können wöchentliche Verabredungen zum Kaffeetrinken, Familienessen oder einfach nur entspannte Spaziergänge im Park gehören.
3. **Treten Sie Clubs und Organisationen bei** : Beteiligen Sie sich an sozialen Aktivitäten wie Buchclubs, Sportteams oder Freiwilligenarbeit, die

die Interaktion mit anderen fördern. Diese Aktivitäten bieten zahlreiche Gelegenheiten für Offline-Gespräche und fördern den Aufbau sozialer Verbindungen.

4. **Üben Sie aktives Zuhören** : Wenn Sie mit jemandem von Angesicht zu Angesicht sprechen, konzentrieren Sie sich darauf, ihm Ihre volle Aufmerksamkeit zu schenken und wirklich zuzuhören, was er zu sagen hat. Nicken Sie mit dem Kopf, halten Sie Augenkontakt und unterbrechen Sie Ihre Antwort nicht, während Sie noch reden.

5. **Umfassen Sie Ihre Verletzlichkeit** : Um tiefere Verbindungen zu fördern, seien Sie bereit, Ihre Gedanken und Gefühle offen und ehrlich mit anderen zu teilen. Dies erfordert Vertrauen und trägt wiederum dazu bei, dieses Vertrauen aufzubauen.

Indem Sie persönliche Interaktionen priorisieren, erleichtern Sie die Entwicklung echter Verbindungen zu den Menschen in Ihrem Leben, machen Ihre Beziehungen bedeutungsvoller und steigern letztendlich Ihr allgemeines Wohlbefinden.

Die Vorteile von Offline-Gesprächen

Die Integration von mehr Offline-Gesprächen in Ihr tägliches Leben bietet zahlreiche Vorteile, die über die Verbesserung Ihrer Kommunikationsfähigkeiten hinausgehen. Zu diesen Vorteilen gehören:

- Stärkung sozialer und emotionaler Bindungen
- Reduzierung von Stress und Ängsten
- Stärkung des Selbstwertgefühls und des Selbstvertrauens
- Verbesserung der Fähigkeit, sich in andere hineinzuversetzen und sie zu verstehen

- Entwicklung gesunder
Kommunikationsgewohnheiten

Darüber hinaus ist es wichtig, sich daran zu erinnern, dass
Technologie als Werkzeug zur Verbesserung unseres
Lebens dienen und nicht das grundlegende menschliche
Bedürfnis nach Verbindung und Interaktion ersetzen sollte.
Bei achtsamer Nutzung kann digitale Kommunikation eine
wertvolle Ergänzung zu unseren persönlichen Beziehungen
sein. Wenn wir die richtige Balance finden, können wir
weiterhin vom digitalen Zeitalter profitieren, ohne dabei die
Bedeutung menschlicher Verbindungen aus den Augen zu
verlieren.

7. Herausforderungen und Strategien zur digitalen Entgiftung: Eine Schritt-für-Schritt-Anleitung

Herausforderung 1: Die Social-Media-Entgiftung

Strategie

Schritt 1: Bewerten Sie Ihre Social-Media-Nutzung

Bevor Sie mit der digitalen Entgiftung beginnen, ist es
wichtig, Ihre Beziehung zu sozialen Medien zu bewerten.
Dies hilft Ihnen zu verstehen, wie viel Zeit Sie täglich damit
verbringen, und herauszufinden, von welchen Apps Sie sich
entgiften müssen.

- Verfolgen Sie Ihre Bildschirmzeit

- Erstellen Sie eine Liste der verwendeten Social-Media-Apps
- Ordnen Sie Apps nach der täglich aufgewendeten Zeit

Schritt 2: Setzen Sie sich realistische Ziele

Es ist wichtig, sich erreichbare Ziele zu setzen, um während des gesamten Entgiftungsprozesses auf dem richtigen Weg zu bleiben.

- Definieren Sie einen bestimmten Zeitrahmen (z. B. eine Woche, einen Monat)
- Richten Sie Kontrollpunkte ein, um Ihren Fortschritt zu verfolgen (überprüfen Sie beispielsweise Ihre Bildschirmzeit am Ende eines jeden Tages).

Schritt 3: Benachrichtigungen deaktivieren

Um Ablenkungen und den Drang, ständig auf Ihr Telefon zu schauen, zu reduzieren, deaktivieren Sie alle Social-Media-Benachrichtigungen auf Ihren Geräten.

- Gehen Sie zu Ihren Geräteeinstellungen und deaktivieren Sie Benachrichtigungen für jede in Schritt 1 aufgeführte App.

Schritt 4: Erstellen Sie alternative Aktivitäten

Um die Lücke zu schließen, die durch den Mangel an sozialen Medien entsteht, planen Sie alternative Aktivitäten, die Achtsamkeit und Wohlbefinden fördern.

- Körperlich: Bewegung, Spaziergang, Yoga
- Kognitiv: Lesen, schreiben, Rätsel lösen
- Sozial: Freunde treffen, an Gemeinschaftsveranstaltungen teilnehmen, ehrenamtlich arbeiten

- Emotional: Üben Sie Meditation, Atemübungen und Bewusstseinsreflexion

Schritt 5: Auswertung

Bewerten Sie Ihre Fortschritte regelmäßig, um sicherzustellen, dass Sie mit Ihren Zielen Schritt halten.

- Überprüfen Sie Ihre Bildschirmzeit an jedem Kontrollpunkt
- Beurteilen Sie, wie gut Sie ohne soziale Medien zurechtkommen
- Denken Sie über die Herausforderungen nach, vor denen Sie standen, und darüber, wie Sie sie gemeistert haben

Schritt 6: Wiedereinführung

Sobald Ihre Entgiftung abgeschlossen ist, führen Sie die sozialen Medien schrittweise und achtsam wieder ein.

- Beginnen Sie jeweils mit einer App
- Legen Sie Nutzungsbeschränkungen fest oder verwenden Sie einen Timer, um übermäßigen Genuss zu vermeiden
- Üben Sie weiterhin alternative Aktivitäten aus, um ein gesundes Gleichgewicht zu wahren

Herausforderung 2: Reduzierung der Bildschirmzeit vor dem Schlafengehen

Strategie

Schritt 1: Erkennen Sie die Bedeutung des Schlafes

Erkennen Sie den Wert eines guten Schlafs und wie Bildschirme Ihre Fähigkeit, sich zu entspannen und einzuschlafen, beeinträchtigen können.

- Forschung über das von Bildschirmen ausgestrahlte blaue Licht und seine Auswirkung auf den Schlaf
- Denken Sie darüber nach, wie sich Ihre Bildschirmgewohnheiten vor dem Schlafengehen auf Ihre Schlafqualität auswirken

Schritt 2: Legen Sie eine digitale Ausgangssperre fest

Legen Sie eine bestimmte Stunde am Abend als Ihre nächtliche „technikfreie" Zeit fest.

- Wählen Sie eine realistische, aber dennoch herausfordernde Zeit (z. B. eine Stunde vor dem Schlafengehen).
- Stellen Sie sicher, dass geeignete Alarme oder Erinnerungen eingestellt sind, um die Konsistenz aufrechtzuerhalten

Schritt 3: Erstellen Sie eine Schlafenszeitroutine

Die Einführung einer beruhigenden Schlafenszeitroutine fördert die Entspannung und kann Ihrem Körper signalisieren, dass es Zeit zum Schlafen ist.

- Integrieren Sie entspannende Aktivitäten wie Lesen, leichte Dehnübungen oder Atemübungen
- Erwägen Sie die Verwendung von ätherischen Ölen, Kräutertees oder beruhigenden Klängen, um eine beruhigende Atmosphäre zu schaffen

Schritt 4: Richten Sie eine Ladestation außerhalb Ihres Bettes ein

Laden Sie Ihr Telefon oder Ihre digitalen Geräte in einem separaten Raum auf oder legen Sie einen bestimmten Bereich abseits Ihres Bettes fest, um der Versuchung, sie zu nutzen, vorzubeugen.

- Legen Sie die Regel „keine Geräte im Bett" fest, um eine schlaffreundliche Umgebung zu gewährleisten
- Erwägen Sie die Investition in einen Wecker, anstatt Ihr Telefon zu verwenden, um die Abhängigkeit und die morgendliche Bildschirmzeit zu verringern

Schritt 5: Reflektieren und anpassen

Wie bei jeder neuen Gewohnheit ist es wichtig, Ihre Fortschritte zu überwachen, Ihre Ziele nach Bedarf anzupassen und die Entschlossenheit aufrechtzuerhalten.

- Denken Sie über die Qualität Ihres Schlafes und Ihr allgemeines Wohlbefinden nach
- Identifizieren Sie Bereiche mit Verbesserungspotenzial oder wo weitere Änderungen erforderlich sind
- Integrieren Sie weiterhin Strategien, bis sie zur Gewohnheit werden und mühelos werden

Herausforderung 3: Achtsames E-Mail-Management

Strategie

Schritt 1: Legen Sie festgelegte E-Mail-Zeiten fest

Beschränken Sie das Abrufen Ihrer E-Mails auf bestimmte Zeiten am Tag, um ständige Ablenkungen zu vermeiden.

- Legen Sie bestimmte Zeiten für das Überprüfen und Beantworten von E-Mails fest (z. B. vormittags, nach dem Mittagessen und am Ende des Tages).
- Blockieren Sie diese festgelegten Zeiten in Ihrem Kalender oder Ihrer To-Do-Liste

Schritt 2: Erwartungen festlegen

Kommunizieren Sie mit Kollegen, Freunden oder Kunden über Ihre E-Mail-Management-Strategie, um unnötigen Stress oder Missverständnisse zu vermeiden.

- Fügen Sie Ihrer E-Mail-Signatur oder einer Autoresponder-Nachricht eine kurze Notiz hinzu, in der Sie Ihre Antwortstrategie erläutern
- Ermutigen Sie alternative Kommunikationsmethoden für dringende Angelegenheiten (z. B. Telefonanrufe oder Instant Messaging).

Schritt 3: Organisieren und Priorisieren

Organisieren Sie Ihren Posteingang mithilfe von Ordnern und Filtern, sodass Sie E-Mails effizienter und effektiver verarbeiten können.

- Erstellen Sie Ordner oder Kategorien, um E-Mails nach Wichtigkeit oder Dringlichkeit zu sortieren
- Nutzen Sie Filter und Regeln, um den Sortiervorgang zu automatisieren

Schritt 4: Sorgen Sie für einen sauberen Posteingang

Bereinigen und entrümpeln Sie Ihren Posteingang regelmäßig, damit Sie sich nicht mit Ihrer E-Mail-Korrespondenz überfordert fühlen.

- Entwickeln Sie tägliche oder wöchentliche Gewohnheiten zum Archivieren, Löschen oder

Weiterleiten von E-Mails, die Ihre Aufmerksamkeit
nicht mehr erfordern
- Melden Sie sich von E-Mail-Newslettern oder
Werbeaktionen ab, die nicht mehr wertvoll oder
relevant sind

Schritt 5: Überprüfen und verfeinern

Bewerten und passen Sie Ihre E-Mail-Management-
Strategie kontinuierlich basierend auf Ihren persönlichen
Erfahrungen und Anforderungen an.

- Überlegen Sie, wie gut die Strategie funktioniert und
ob weitere Änderungen erforderlich sind
- Bleiben Sie offen für Änderungen und Anpassungen
als Reaktion auf sich verändernde berufliche oder
persönliche Umstände

Den Hürden der digitalen Entgiftung begegnen: Schritt für Schritt

Der Beginn einer digitalen Detox-Reise ist nicht ohne
Herausforderungen, aber wenn Sie sich ihnen direkt stellen
und achtsame Strategien anwenden, können Sie den Weg
für erfolgreiche, dauerhafte Veränderungen in Ihrem
digitalen Lebensstil ebnen. Die folgende Schritt-für-Schritt-
Anleitung hilft Ihnen bei der Bewältigung dieser
Herausforderungen und bietet Ihnen Unterstützung bei Ihrer
digitalen Entgiftung.

1. Auslöser und Gewohnheiten identifizieren

Der erste Schritt eines jeden Detox-Prozesses besteht
darin, die Problembereiche zu identifizieren, genau zu
erkennen, welche digitalen Gewohnheiten Sie stören und

sich darüber im Klaren zu sein, wann und warum Sie ihnen nachgeben. Achten Sie auf die Auslöser, die zu einer übermäßigen digitalen Nutzung führen, wie zum Beispiel:

- Sich gestresst oder ängstlich fühlen
- Wichtige Aufgaben aufschieben
- Ich versuche, realen Problemen zu entkommen
- Angst, gesellschaftliche Ereignisse und Neuigkeiten zu verpassen

2. Klare Ziele setzen

Um den Erfolg Ihrer digitalen Entgiftung sicherzustellen, setzen Sie sich klare, erreichbare Ziele, auf die Sie hinarbeiten können. Dazu kann es gehören, die Bildschirmzeit zu verkürzen, die digitale Zeit achtsamer zu verbringen, wieder mit geliebten Menschen in Kontakt zu treten oder einfach das geistige Wohlbefinden zu verbessern. Seien Sie realistisch und dennoch ehrgeizig bei Ihren Zielen und fordern Sie sich selbst heraus, dauerhafte Veränderungen herbeizuführen.

3. Planen Sie im Voraus

Wie bei einer Diät erfordert auch die digitale Entgiftung eine gründliche Planung, um späteren Versuchungen vorzubeugen – schließlich werden Sie wahrscheinlich auf verlockende digitale Ablenkungen stoßen, auch wenn Sie beabsichtigen, den Netzstecker zu ziehen. Nehmen Sie diese Szenarien vorweg und entwickeln Sie Strategien für den Umgang damit:

- Informieren Sie Freunde, Familie und Arbeitskollegen im Voraus über Ihren Entgiftungsplan. Sie können wesentliche emotionale Unterstützung und Verständnis bieten.

- Bereiten Sie alternative Aktivitäten vor, um die Zeit zu füllen, die Sie normalerweise miteinander verbringen würden. Versuchen Sie es mit Journaling, Lesen, Sport oder kreativen Beschäftigungen.
- Setzen Sie Grenzen, wie z. B. festgelegte Zeiten und Orte für die digitale Nutzung, um sinnloses Scrollen zu vermeiden und einen bewussteren Umgang mit Technologie zu gewährleisten.

4. Nehmen Sie neue Denkweisen und Strategien an

Entwickeln Sie einen umfassenden, achtsamen Ansatz für die digitale Interaktion, indem Sie diese hilfreichen Taktiken integrieren:

- Geben Sie der Qualität Ihres digitalen Engagements Vorrang vor der Quantität: Konzentrieren Sie Ihre Online-Präsenz auf sinnvolle Gespräche, Verbindungen und Ressourcen, anstatt überall gleichzeitig zu sein.
- Üben Sie Dankbarkeit und Achtsamkeit bei der Nutzung digitaler Geräte. Nehmen Sie sich die Zeit, den Komfort, die Unterhaltung und die persönlichen Kontakte, die sie bieten, voll und ganz zu genießen – das kann einem digitalen Burnout-Gefühl vorbeugen.
- Zonen ohne Geräte: Legen Sie bestimmte Bereiche und Zeiten in Ihrem Zuhause und im Alltag fest, in denen digitale Geräte tabu sind.

5. Neue Verbindungen aufbauen

Einer der wesentlichen Aspekte Ihrer digitalen Detox-Reise besteht darin, neue Verbindungen zu schaffen oder bestehende zu stärken. Füllen Sie die Lücke, die durch digitale Ablenkungen entsteht, mit bereichernden persönlichen Interaktionen, Gruppenaktivitäten und gemeinschaftlichem Engagement.

- Probieren Sie neue Hobbys oder Gruppensportarten aus, die das gesellige Beisammensein im echten Leben fördern.
- Planen Sie regelmäßige Zusammenkünfte mit Freunden und Angehörigen, die Gespräche, Lachen und Freude fördern.
- Engagieren Sie sich ehrenamtlich für gemeinschaftsbezogene Zwecke, um ein Gefühl von Erfolg, Zielstrebigkeit und Kameradschaft zu erleben.

6. Fortschritte überwachen und Verantwortung übernehmen

Bewerten Sie Ihre Fortschritte regelmäßig, verfolgen Sie die von Ihnen vorgenommenen Verbesserungen und übernehmen Sie die Verantwortung. Nehmen Sie bei Bedarf Anpassungen vor und denken Sie daran, dass es beim Erfolg nicht nur darum geht, einem strikten Plan zu folgen. Es geht darum, sich an die auftretenden Herausforderungen anzupassen und an ihnen zu wachsen:

- Führen Sie ein Tagebuch, um die Veränderungen, Herausforderungen und Meilensteine aufzuzeichnen, denen Sie während Ihrer digitalen Entgiftungsreise begegnen.
- Teilen Sie Ihre Fortschritte mit einem ausgewiesenen Detox-Partner, der Ihnen wertvolle Ratschläge, Unterstützung und Ermutigung geben kann.
- Helfen Sie anderen bei ihrer digitalen Entgiftung, indem Sie als Mentor und Unterstützer für Freunde, Familienmitglieder oder jeden fungieren, der sich auf eine achtsame Technologiereise begeben möchte.

7. Erfolge und gewonnene Erkenntnisse feiern

Vergessen Sie nicht, stolz auf Ihre Erfolge zu sein und
Freude an den Lektionen zu haben, die Sie während Ihrer
digitalen Entgiftung gelernt haben. Unabhängig davon, ob
Sie die Zeit vor dem Bildschirm verkürzen, engere
Verbindungen fördern oder einfach nur achtsamer mit Ihrer
digitalen Nutzung umgehen, tragen diese Schritte
wesentlich dazu bei, das Gleichgewicht zwischen
Technologie und realen Erlebnissen zu verbessern. Egal
wie klein oder bedeutsam, jede positive Veränderung ist
wichtig, und mit Engagement und Ausdauer können diese
Veränderungen einen nachhaltigen Einfluss auf Ihr
Wohlbefinden haben.

Wenn Sie dieser Schritt-für-Schritt-Anleitung zu den
Herausforderungen und Strategien der digitalen Entgiftung
folgen, sind Sie auf dem besten Weg, ein achtsameres,
ausgeglicheneres und erfüllteres Leben zu genießen –
eines, das weniger von digitalen Ablenkungen dominiert
wird und mehr durch authentische Verbindungen und
Kontakte bereichert wird Erfahrungen.

Herausforderung 3: Achtsame Kommunikation und Beziehungen fördern

Die Welt, in der wir leben, ist so vernetzt, dass die Grenze
zwischen der virtuellen und der realen Welt zunehmend
verschwimmt. Soziale Medien und Instant Messaging haben
die Art und Weise, wie wir miteinander kommunizieren,
völlig revolutioniert. Die Kosten dieser Bequemlichkeit
dürfen jedoch nicht außer Acht gelassen werden, da wir uns
oft in endlosen Gesprächen auf unseren Bildschirmen

verlieren und den Kontakt zu unseren Mitmenschen verlieren. Diese Herausforderung besteht darin, achtsame Kommunikationspraktiken anzuwenden und unsere realen Verbindungen zu vertiefen.

Schritt 1: Erstellen Sie eine Bestandsaufnahme der digitalen Kommunikation

Schauen Sie sich zunächst einmal genauer an, wie Sie auf digitalem Wege mit anderen kommunizieren. Machen Sie eine Bestandsaufnahme aller Kommunikationsplattformen, die Sie nutzen, z. B. soziale Medien, E-Mails, Instant Messaging und Foren. Machen Sie sich Notizen über die Art der Interaktionen, die Sie auf jeder Plattform haben, sei es arbeitsbezogen, Freundschaften oder gelegentliches Networking. Beobachten Sie die Häufigkeit und Tageszeit, zu der Sie am häufigsten digital kommunizieren.

Schritt 2: Setzen Sie Grenzen und Grenzen für die digitale Kommunikation

Da Sie nun ein klareres Verständnis Ihrer digitalen Kommunikationsgewohnheiten haben, ist es an der Zeit, einige Grenzen zu setzen. Legen Sie für jede Plattform Zeitlimits fest und halten Sie diese ein. Reduzieren Sie unnötiges Surfen, Scrollen und Posten in sozialen Netzwerken und konzentrieren Sie sich nur auf sinnvolle Interaktionen. Deaktivieren Sie Benachrichtigungen für kleinere Ereignisse und filtern Sie Ihre Social-Media-Feeds, sodass Sie nur Updates von engen Freunden und der Familie erhalten.

Schritt 3: Kultivieren Sie eine achtsame Kommunikation

Während Sie daran arbeiten, die Häufigkeit und Dauer der digitalen Kommunikation zu reduzieren, ist es wichtig, auch die Qualität Ihrer Online-Interaktionen zu verbessern. Konzentrieren Sie sich auf intensive Gespräche und vermeiden Sie digitalen Smalltalk. Hören Sie genau zu, was andere sagen, und nehmen Sie sich Zeit, sinnvolle Antworten zu formulieren. Achten Sie bei der Interaktion per Text auf Ihren Ton und darauf, wie dieser durch Ihre geschriebenen Worte vermittelt werden kann. Seien Sie bei Ihren digitalen Interaktionen stets geduldig und respektvoll.

Schritt 4: Entwickeln Sie digitale Gespräche

Sobald Sie Ihre digitalen Interaktionen eingeschränkt haben, konzentrieren Sie sich darauf, tiefe und sinnvolle Verbindungen im wirklichen Leben herzustellen. Wenn Sie mit anderen sprechen, stellen Sie sicher, dass Sie Ihr Telefon stumm schalten oder es außer Sichtweite halten. Seien Sie völlig präsent und einvernehmlich auf den Moment und die Person, mit der Sie sprechen. Ermutigen Sie andere, dasselbe zu tun, und entfachen Sie Gespräche ohne digitale Kommunikation, bei denen sich jeder wertgeschätzt und gehört fühlt.

Schritt 5: Offline-Beziehungen pflegen

Machen Sie schließlich Ihre Offline-Beziehungen zur obersten Priorität. Planen Sie persönliche Treffen mit Freunden und Familie, lassen Sie alte Freundschaften wieder aufleben und entdecken Sie neue Hobbys, bei denen Sie mit anderen interagieren. Diese Aktivitäten stärken Ihre zwischenmenschlichen Beziehungen und erinnern Sie an die Vorteile des Aufbaus tieferer Beziehungen im wirklichen Leben.

Schritt 6: Denken Sie über Ihre Reise nach

Denken Sie auf Ihrem Weg zur achtsamen Kommunikation und zur Vertiefung Ihrer Beziehungen regelmäßig über Ihre Fortschritte nach. Beobachten Sie die Veränderungen in Ihrem Geisteszustand, Ihren Beziehungen und wie Sie sich insgesamt fühlen. Notieren Sie Ihre Beobachtungen in einem Tagebuch oder einem digitalen Dokument und verfeinern und passen Sie Ihre Kommunikationsgewohnheiten basierend auf Ihren Erfahrungen und Ihrem Wachstum kontinuierlich an.

Indem Sie sich darauf konzentrieren, achtsame Kommunikation zu pflegen und sinnvolle Beziehungen offline zu pflegen, werden Sie sich stärker mit der realen Welt verbunden und engagierter fühlen. Denken Sie beim Durchlaufen dieser Schritte daran, dass das Ziel nicht darin besteht, die digitale Kommunikation gänzlich zu meiden, sondern sie sinnvoll und durchdacht in Ihr Leben zu integrieren.

Herausforderung 1: Beginnen Sie mit einem Digital Detox Audit

Bevor Sie sich auf den Weg zur digitalen Entgiftung machen, ist es wichtig, Ihren aktuellen Stand des digitalen Konsums einzuschätzen. Ein digitales Detox-Audit hilft Ihnen, Ihre Muster, Gewohnheiten und Bereiche zu identifizieren, die möglicherweise verbessert oder reduziert werden müssen.

Schritt 1.1: Verfolgen Sie Ihre Bildschirmzeit

Überwachen Sie Ihre Bildschirmzeit eine ganze Woche lang, einschließlich Arbeits- und Privatzeit. Die meisten Smartphones und Tablets verfügen über integrierte Funktionen zur Bildschirmzeiterfassung. Sie können auch Apps wie *RescueTime* oder *Freedom* auf Ihren Geräten installieren, um die Zeit zu verfolgen, die Sie online und mit bestimmten Apps verbringen.

Schritt 1.2: Analysieren Sie Ihre Muster

Überprüfen Sie nach einer Woche die Daten und identifizieren Sie Bereiche, in denen Sie die meiste Zeit verbringen. Verbringen Sie viel Zeit in den sozialen Medien? Videos anschauen? Spielen? Identifizieren Sie die drei Anwendungen oder Dienste, die am meisten Ihre Bildschirmzeit in Anspruch nehmen.

Schritt 1.3: Bestimmen Sie Ihre digitalen Prioritäten

Überlegen Sie, welche digitalen Aktivitäten für Ihr Wohlbefinden, Ihr persönliches Wachstum und Ihren beruflichen Erfolg von entscheidender Bedeutung sind. Bestimmen Sie, welche digitalen Aktivitäten reduziert oder ganz eliminiert werden können.

Herausforderung 2: Digitale Grenzen setzen

Sobald Sie einen klaren Überblick über Ihren aktuellen digitalen Konsum haben, ist es an der Zeit, Grenzen zu setzen, um ein gesundes Gleichgewicht zwischen Online- und Offline-Aktivitäten herzustellen.

Schritt 2.1: Legen Sie tägliche Bildschirmzeitlimits fest

Legen Sie ein tägliches Bildschirmzeitlimit für nicht wesentliche Aktivitäten fest (wie soziale Medien, Videos oder Spiele). Apps wie *Forest* oder *AppDetox* können Ihnen dabei helfen, diese Grenzwerte durchzusetzen, indem sie bestimmte Anwendungen blockieren, nachdem Ihr Tageslimit erreicht wurde.

Schritt 2.2: Planen Sie digitalfreie Zeit ein

Legen Sie bestimmte Zeiten am Tag oder in der Woche fest, in denen Sie sich vollständig von digitalen Geräten trennen. Dies kann bedeuten, dass Sie einen kurzen Abendspaziergang ohne Ihr Telefon einplanen, einen ganzen Tag der Erkundung der Natur widmen oder jeden Tag bestimmte Stunden einplanen, in denen Geräte tabu sind.

Schritt 2.3: Benachrichtigungen einschränken

Reduzieren Sie Ablenkungen, indem Sie unnötige Benachrichtigungen auf Ihren Geräten deaktivieren. Halten Sie nur die wesentlichen Benachrichtigungen aktiv, z. B. wichtige E-Mails oder arbeitsbezogene Chat-Nachrichten.

Herausforderung 3: Achtsamen Einsatz von Technologie fördern

Achtsamkeit kann Ihnen helfen, sich Ihrer digitalen Gewohnheiten bewusster zu werden und bessere Entscheidungen darüber zu treffen, wie und wann Sie sich mit Technologie beschäftigen.

Schritt 3.1: Entwickeln Sie eine „achtsame Check-in"-Routine

Bevor Sie Ihr Telefon entsperren oder Ihren Laptop öffnen, nehmen Sie sich einen Moment Zeit und fragen Sie sich: „Warum mache ich das? Ist es notwendig oder suche ich nur Ablenkung?" Halten Sie inne und bewerten Sie, ob die Beschäftigung mit diesem bestimmten Gerät in diesem Moment die beste Nutzung Ihrer Zeit ist.

Schritt 3.2: Üben Sie Single-Tasking

Konzentrieren Sie sich voll und ganz auf eine Aufgabe nach der anderen und nicht auf Multitasking. Dies kann zu einer höheren Produktivität führen und dabei helfen, Stress abzubauen.

Schritt 3.3: Schaffen Sie eine achtsame digitale Umgebung

Schaffen Sie Ordnung in Ihrem digitalen Raum, indem Sie ungenutzte Apps oder Konten löschen und nicht benötigte Geräte ausschalten. Schaffen Sie eine saubere und organisierte digitale Umgebung, die die Konzentration fördert und Ablenkungen reduziert.

Herausforderung 4: Sinnvolle Offline-Verbindungen fördern

Pflegen Sie sinnvolle Verbindungen und Erfahrungen außerhalb des digitalen Bereichs, um Ihre Beziehungen zu stärken und Ihr Leben zu bereichern.

Schritt 4.1: Veranstalten Sie technologiefreie gesellschaftliche Zusammenkünfte

Organisieren Sie Veranstaltungen, bei denen sich alle dazu verpflichten, abzuschalten und sich an Aktivitäten wie Brettspielen, Buchclubs, Wanderungen oder Kunstprojekten zu beteiligen.

Schritt 4.2: Fördern Sie die persönliche Kommunikation

Wenn möglich, bevorzugen Sie persönliche Gespräche statt digitaler Kommunikation. Besprechen Sie mit Freunden und der Familie die Idee, „telefonfreie Zonen" oder „Phone Stacking" einzurichten, in denen jeder seine Geräte weglegt, um sich ausschließlich auf den Austausch miteinander zu konzentrieren.

Schritt 4.3: Nehmen Sie an Offline-Hobbys und -Interessen teil

Entdecken Sie neue Hobbys oder wecken Sie Ihr Interesse an bestehenden Hobbys, bei denen es nicht um digitale Geräte geht. Dies kann alles sein, von Malen, Gartenarbeit bis hin zum Spielen eines Musikinstruments.

Herausforderung 5: Entwickeln Sie ein unterstützendes System

Um eine digitale Entgiftung effektiv zu bewältigen, ist der Aufbau eines starken Unterstützungssystems erforderlich, das Sie dazu ermutigt, langfristig gesunde digitale Gewohnheiten beizubehalten.

Schritt 5.1: Teilen Sie Ihre Ziele mit

Besprechen Sie Ihre Absichten zur digitalen Entgiftung mit Freunden, Familie und Kollegen und bitten Sie sie um Unterstützung bei der Etablierung neuer Gewohnheiten. Je mehr Menschen von Ihren Plänen erfahren, desto verantwortungsvoller werden Sie sich fühlen.

Schritt 5.2: Vernetzen Sie sich mit Gleichgesinnten

Treten Sie online Gruppen oder Foren bei, in denen Menschen ihre Erfahrungen mit digitaler Entgiftung austauschen, Tipps diskutieren und Unterstützung anbieten.

Denken Sie daran, dass der Beginn einer digitalen Entgiftung eine persönliche Reise ist und es keinen „Einheitsansatz" gibt, der für alle passt. Seien Sie geduldig mit sich selbst und nehmen Sie sich die Zeit, Ihre Gewohnheiten anzupassen, um eine gesündere Balance zwischen Ihren digitalen und Offline-Aktivitäten zu erreichen.

Herausforderung 1: Morgenroutine ohne Bildschirm

Strategie: Beginnen Sie Ihren Tag, ohne auf Ihr Telefon zu schauen oder Ihren Computer einzuschalten. Gönnen Sie sich stattdessen eine entspannende und achtsame Morgenroutine wie Meditation, Yoga, Lesen oder sogar einen Spaziergang. Auf diese Weise geben Sie eine positive Stimmung für den Tag vor, entwickeln ein Gefühl des inneren Friedens und werden sich bewusster, wie viel

Zeit Sie morgens normalerweise vor Bildschirmen verbringen würden.

1. Bereiten Sie sich am Abend zuvor auf Ihren bildschirmfreien Morgen vor: Nehmen Sie sich vor, beim Aufwachen alle digitalen Geräte zu meiden, stellen Sie Ihr Telefon in einen anderen Raum und legen Sie einige Gegenstände bereit, die Ihre Morgenroutine unterstützen, wie zum Beispiel ein Buch, ein Tagebuch oder Yoga Matte.
2. Entwickeln Sie eine konsistente Aufwachzeit: Es ist einfacher, eine bildschirmfreie Morgenroutine aufrechtzuerhalten, wenn Sie einen konsistenten Schlafplan entwickeln und jeden Tag zur gleichen Zeit aufwachen.
3. Nehmen Sie an einer achtsamen Aktivität teil: Wählen Sie eine Aktivität, die Ihren Geist beruhigt und Ihre Aufmerksamkeit nach innen lenkt, wie zum Beispiel Meditation, tiefe Atemübungen oder sanftes Dehnen.
4. Bereiten Sie ein nahrhaftes Frühstück zu: Nehmen Sie sich die Zeit, ein gesundes Frühstück zuzubereiten, und genießen Sie diese Mahlzeit ohne Bildschirme vor sich. Erwägen Sie, an einem Tisch zu sitzen, aus dem Fenster zu schauen oder sogar draußen zu frühstücken, um mit der Natur in Kontakt zu kommen.
5. Nehmen Sie an einer unterhaltsamen Aktivität außerhalb des Bildschirms teil: Füllen Sie Ihren Morgen nach dem Frühstück mit Aktivitäten aus, die Ihnen Spaß machen und für die Sie keine elektronischen Geräte benötigen. Dazu kann es gehören, dass Sie lesen, Tagebuch schreiben, spazieren gehen oder Zeit mit Ihrer Familie oder Ihren Haustieren verbringen.

Herausforderung 2: Achtsames Pendeln

Strategie: Nutzen Sie die Zeit beim Pendeln, um präsent zu sein, Ihre Umgebung zu beobachten und tiefe Atem- oder Meditationstechniken zu üben, um einen ruhigen Raum in sich selbst zu schaffen, anstatt elektronische Geräte zu verwenden, um sich von der Erfahrung des Pendelns abzulenken.

1. Lassen Sie Ihr Telefon in Ihrer Tasche: Um der Versuchung zu widerstehen, beim Pendeln digitale Geräte zu nutzen, bewahren Sie Ihr Telefon außer Sichtweite auf und versuchen Sie, es zu vergessen.
2. Beanspruchen Sie Ihre Sinne: Achten Sie beim Pendeln auf die Anblicke, Geräusche und Gerüche um Sie herum, sei es die sich verändernde Landschaft, die Gesichter der Menschen oder der Duft von Kaffeeständen. Dieses gesteigerte Bewusstsein kann Sie in den gegenwärtigen Moment bringen.
3. Tiefes Atmen: Wenn Sie merken, dass Ihre Gedanken abschweifen oder Ihr Stresslevel zunimmt, machen Sie tiefe Atemübungen, um Ihren Körper und Geist zu beruhigen.
4. Finden Sie ruhige Orte: Wenn Sie öffentliche Verkehrsmittel nutzen, versuchen Sie, ruhigere Sitzplätze oder Bereiche zu finden, wo Sie vermeiden können, mit digitalen Bildschirmen, Werbung und Telefongesprächen bombardiert zu werden.
5. Ziehen Sie alternative Transportmöglichkeiten in Betracht: Zu Fuß oder mit dem Fahrrad zur Arbeit zu gehen, kann eine gute Möglichkeit sein, die Zeit vor dem Bildschirm einzuschränken und gleichzeitig die

Vorteile körperlicher Aktivität für die körperliche und geistige Gesundheit zu genießen.

Herausforderung 3: Gerätefreie Mahlzeiten

Strategie: Schaffen Sie eine gesunde Beziehung zum Essen, indem Sie Ablenkungen durch den Bildschirm während Ihrer Mahlzeiten vermeiden. Dies wird Ihnen helfen, die Aromen und Texturen Ihrer Speisen zu genießen, eine gesunde Verdauung zu fördern und intensivere Gespräche mit den Menschen um Sie herum zu fördern.

1. Gehen Sie eine Verpflichtung ein: Legen Sie die klare Absicht fest, Geräte von den Mahlzeiten fernzuhalten, und teilen Sie diese Absicht denjenigen mit, die mit Ihnen Mahlzeiten teilen.
2. Schaffen Sie gerätefreie Zonen: Legen Sie den Esstisch als gerätefreie Zone fest, in der Telefone, Tablets und Laptops strikt tabu sind.
3. Bauen Sie Verbindungen auf: Nutzen Sie die Essenszeit, um persönliche Gespräche zu fördern, Geschichten aus Ihrem Tag zu teilen und Ihre Beziehungen zu Familienmitgliedern oder Freunden zu stärken.
4. Üben Sie achtsames Essen: Konzentrieren Sie sich beim Essen auf den Geschmack, die Textur und das Aroma Ihres Essens sowie auf das Sättigungsgefühl. Dies hilft Ihnen, Ihre Mahlzeit langsamer zu sich zu nehmen und so ein Überessen zu vermeiden.
5. Kultivieren Sie Dankbarkeit: Bevor Sie mit dem Essen beginnen, nehmen Sie sich einen Moment Zeit, um Ihre Dankbarkeit für das Essen und die

Menschen auszudrücken, die dabei geholfen haben, es an Ihren Tisch zu bringen.

Herausforderung 4: Gezielte Nutzung sozialer Medien

Strategie: Behandeln Sie soziale Medien als Werkzeug und nicht als Zeitvertreib, indem Sie Absichten für Ihre Nutzung festlegen und Grenzen festlegen, die verhindern, dass sie zu viel Zeit und Aufmerksamkeit in Anspruch nehmen.

1. Definieren Sie Ihre Absichten: Machen Sie sich klar, warum Sie soziale Medien nutzen und wie sie Ihrem Leben einen Mehrwert verleihen. Wenn es keinem bestimmten Zweck dient, überdenken Sie Ihre Beschäftigung damit.
2. Legen Sie Zeitlimits fest: Planen Sie jeden Tag eine bestimmte Zeitspanne für die Nutzung sozialer Medien ein und halten Sie sich an dieses Limit. Die Verwendung einer App oder eines Timers kann Ihnen helfen, Ihre Nutzung zu verfolgen und Sie zur Rechenschaft zu ziehen.
3. Entfernen Sie unnötige Apps: Löschen Sie Social-Media-Apps, die nicht Ihren Absichten entsprechen oder übermäßig viel Zeit in Anspruch nehmen.
4. Kuratieren Sie Ihren Feed: Entfolgen Sie Konten, die Ihrem Leben keinen Mehrwert bringen, oder schalten Sie sie stumm, und konzentrieren Sie sich auf Inhalte, die Ihren Werten, Zielen und Interessen entsprechen.
5. Beteiligen Sie sich achtsam: Seien Sie bei der Nutzung sozialer Medien präsent und interagieren Sie auf sinnvolle Weise mit anderen, anstatt

gedankenlos zu scrollen oder Inhalte zu
konsumieren.

Herausforderung 5: Bildschirmfreier Abendausklang

Strategie: Entwerfen Sie eine beruhigende und
entspannende Abendroutine, die Ihnen den Übergang von
den Aktivitäten des Tages erleichtert und einen erholsamen
Schlaf fördert, während Sie gleichzeitig die Belastung durch
Bildschirme und die damit einhergehenden
Blaulichtemissionen reduzieren.

1. Legen Sie eine Bildschirmsperre fest: Legen Sie
   abends eine bestimmte Zeit fest, zu der alle digitalen
   Geräte ausgeschaltet und weggeräumt werden,
   idealerweise 1-2 Stunden vor dem Schlafengehen.
2. Schaffen Sie eine gemütliche Atmosphäre: Schaffen
   Sie in Ihrem Zuhause eine entspannende
   Umgebung, die zur Ruhe einlädt, indem Sie
   beispielsweise das Licht dimmen, Kerzen anzünden
   oder sanfte Musik spielen.
3. Nehmen Sie an einer beruhigenden Aktivität teil:
   Nehmen Sie an einer spannenden und stressarmen
   Aktivität teil, die Ihnen hilft, sich zu entspannen, z. B.
   ein Buch lesen, ein Bad nehmen oder sanfte
   Dehnübungen oder Yoga machen.
4. Denken Sie über Ihren Tag nach: Nehmen Sie sich
   etwas Zeit, um über Ihren Tag nachzudenken,
   entweder durch Tagebuchschreiben oder einen
   mentalen Rückblick, damit Sie Ihre Gedanken und
   Gefühle vor dem Schlafengehen verarbeiten können.
5. Schlafhygiene: Fördern Sie einen erholsamen
   Schlaf, indem Sie Ihr Schlafzimmer mit einem

bequemen Bett, dunklen Vorhängen oder Jalousien und einer kühlen Temperatur zu einem Zufluchtsort machen.

Indem Sie diese Herausforderungen und Strategien der digitalen Entgiftung annehmen, werden Sie die Kraft der Achtsamkeit nutzen, Ihre körperliche und geistige Gesundheit verbessern und eine größere Wertschätzung für den gegenwärtigen Moment entwickeln. Die Förderung eines gesunden Gleichgewichts mit Technologie steigert Ihr allgemeines Wohlbefinden und die Qualität Ihrer Beziehungen zu anderen und ermöglicht Ihnen, die einfachen Freuden des Lebens wiederzuentdecken.

8. Achtsamkeit in den Alltag integrieren: Praktische Tipps und Übungen

Tägliche Achtsamkeitsübungen: Einfache Techniken für ein ausgeglichenes Leben

In der heutigen schnelllebigen, technologiegetriebenen Welt ist es wichtiger denn je, in unserem täglichen Leben Momente der Stille zu finden und Achtsamkeit zu kultivieren. Achtsamkeit ist nicht nur eine Praxis, die Meditationskissen oder Yoga-Studios vorbehalten ist; Es ist eine ständige, bewusste Entscheidung, die wir jeden Tag treffen können, um authentischer, mitfühlender und friedlicher zu leben.

Die folgenden praktischen Tipps und Übungen helfen Ihnen auf Ihrem Weg, Achtsamkeit in Ihr tägliches Leben zu integrieren, damit Sie von den zahlreichen Vorteilen profitieren und ein ausgeglicheneres, geerdeteres und fokussierteres Leben fördern können.

1. Festlegung der morgendlichen Absicht

Beginnen Sie Ihren Tag mit einer morgendlichen Absichtsfestlegungsübung. Bevor Sie zum Telefon greifen oder aus dem Bett aufstehen, atmen Sie ein paar Mal tief durch und stellen Sie sich auf den gegenwärtigen Moment ein. Legen Sie eine einfache Absicht für Ihren Tag fest, z. B. geduldiger zu sein, präsent zu bleiben oder Dankbarkeit zu üben. Stellen Sie sich vor, wie Sie diese Absicht im Laufe des Tages verkörpern, und greifen Sie bei Bedarf darauf zurück.

2. Achtsames Atmen

Achtsames Atmen ist eine grundlegende Übung zur Kultivierung von Achtsamkeit. Nehmen Sie sich im Laufe des Tages einen Moment Zeit (auch wenn es nur ein paar Atemzüge sind), um die Augen zu schließen und sich auf die Empfindungen Ihres Atems einzustimmen. Beachten Sie das Heben und Senken Ihres Brustkorbs oder das

Gefühl, dass Luft durch Ihre Nasenlöcher eindringt und wieder austritt.

Diese einfache Übung kann einen erheblichen Einfluss auf die Reduzierung von Stress und Ängsten haben, da sie Sie in den gegenwärtigen Moment zurückbringt und die Konzentration erhöht.

3. Technologiebrüche

Durch die Verbreitung von Smartphones sind wir ständig an unser digitales Leben gebunden. Legen Sie im Laufe des Tages bestimmte Zeiten für Technologiepausen fest – Zeiten, in denen Sie bewusst die Verbindung zu Ihren Geräten trennen und sich Abstand von der digitalen Welt verschaffen.

Beteiligen Sie sich in diesen Pausen an erdenden Aktivitäten wie einem Spaziergang, dem Schreiben von Tagebüchern oder auch einfach nur Sitzen und Beobachten der Welt um Sie herum. Diese Praxis wird dazu beitragen, die ständige Notwendigkeit, unsere Geräte zu überprüfen, einzudämmen und ein gesünderes Gleichgewicht zwischen der digitalen und der physischen Welt zu fördern.

4. Achtsames Essen

Zu oft werden unsere Mahlzeiten vor Bildschirmen oder unterwegs eingenommen. Nutzen Sie die Gelegenheit, während der Mahlzeiten achtsames Essen zu üben, indem Sie Ablenkungen beseitigen und sich auf die Empfindungen, Aromen und Texturen Ihrer Lebensmittel konzentrieren. Nehmen Sie sich Zeit zum Kauen, Genießen und Genießen jedes Bissens, während Sie Ihren Körper nähren.

Diese Praxis kann dazu beitragen, die Verdauung, die Essgewohnheiten und Ihre Beziehung zum Essen zu verbessern, indem sie Bewusstsein und Absicht in den Akt des Essens bringt.

5. Body-Scan-Meditation

Eine Bodyscan-Meditation ist eine einfache Praxis, die das Bewusstsein für den physischen Körper und seine Empfindungen fördert. Sie können diese Übung in Ihren Alltag integrieren, indem Sie sich 5–10 Minuten Zeit nehmen, sich hinzulegen oder bequem zu sitzen und Ihren Körper von Kopf bis Fuß geistig zu scannen.

Beachten Sie alle Bereiche, in denen Spannung oder Unbehagen herrscht, und stellen Sie sich vor, wie Ihr Atem durch diese Bereiche fließt, Spannungen löst und die Entspannung fördert. Diese Praxis fördert eine tiefere Verbindung zu Ihrem Körper und ermöglicht es Ihnen, körperliche Manifestationen von Stress effektiver zu erkennen und zu lösen.

6. Dankbarkeitstagebuch

Eine Haltung der Dankbarkeit zu kultivieren ist für ein achtsames Leben unerlässlich. Eine Möglichkeit, diese Praxis zu etablieren, besteht darin, täglich ein Dankbarkeitstagebuch zu führen. Schreiben Sie am Ende eines jeden Tages drei Dinge auf, für die Sie dankbar sind.

Diese einfache Übung macht Ihnen die Fülle an Segnungen in Ihrem Leben bewusst und fördert positives Denken und Zufriedenheit angesichts von Herausforderungen oder Unsicherheit.

7. Ankerpunkte

Schaffen Sie im Laufe des Tages Ankerpunkte – bestimmte Momente, in denen Sie bewusst innehalten und bei sich selbst einchecken. Dies kann so einfach sein, dass Sie tief durchatmen und sich erden, bevor Sie ein Meeting betreten oder eine neue Aufgabe beginnen.

Verwenden Sie diese Ankerpunkte, um Ihren aktuellen mentalen und emotionalen Zustand zu beobachten, und wählen Sie dann geeignete Achtsamkeitsübungen aus (z. B. tiefes Atmen, das Rezitieren eines Mantras oder das Praktizieren von Meditation über liebevolle Güte), die Ihnen bei Bedarf bei der Neukalibrierung helfen.

8. Achtsame Kommunikation

Achtsame Kommunikation erfordert aktives Zuhören, Nachdenklichkeit und Präsenz. Bemühen Sie sich bewusst, anderen zuzuhören und nachdenklich auf sie zu reagieren. Achten Sie dabei auf den Drang, zu unterbrechen oder emotional zu reagieren. Entwickeln Sie eine mitfühlende und verständnisvolle Haltung und bemühen Sie sich, bei Gesprächen eine echte Verbindung zu anderen herzustellen.

Indem Sie diese praktischen Tipps und Übungen in Ihr tägliches Leben integrieren, sind Sie auf dem Weg, ein tieferes Gefühl von Achtsamkeit, innerem Frieden und Ausgeglichenheit zu entwickeln. Denken Sie immer daran, dass Achtsamkeit eine lebenslange Praxis ist und jeder kleine Moment der Präsenz und Absicht einen tiefgreifenden Einfluss auf Ihr allgemeines Wohlbefinden und Ihre Lebensqualität haben kann.

8.1 Eine achtsame Morgenroutine entwickeln

Eine hervorragende Möglichkeit, Achtsamkeit in Ihr tägliches Leben zu integrieren, besteht darin, eine achtsame Morgenroutine zu erstellen. Das bedeutet, dass Sie Ihren Tag mit Absicht und Ziel beginnen und sich eine solide Grundlage für den Rest des Tages schaffen. Hier sind einige Tipps und Übungen, die Ihnen dabei helfen, eine konsistente und nährende Morgenroutine zu entwickeln:

1. **Achtsam aufwachen** : Sobald Sie aufwachen, widerstehen Sie dem unmittelbaren Drang, zum Telefon zu greifen oder aus dem Bett zu springen. Atmen Sie stattdessen ein paar Mal tief durch und nehmen Sie Ihre Körperempfindungen, Gedanken und Emotionen wahr. Diese kurze Pause ermöglicht es Ihnen, vollständig aufzuwachen und sich mit dem gegenwärtigen Moment zu verbinden.
2. **Dehnen und hydrieren** : Beginnen Sie Ihren Morgen mit einer leichten Dehnung, um Ihren Körper aufzuwecken und Ihr Energieniveau zu steigern. Dies hilft dabei, die anhaltende Benommenheit zu vertreiben und Ihren Körper auf den Tag vorzubereiten. Auch das Trinken eines Glases Wasser unmittelbar nach dem Aufwachen kann dazu beitragen, den Körper wieder mit Feuchtigkeit zu versorgen und das Wachsamkeitsgefühl zu fördern.
3. **Meditieren** : Nehmen Sie sich 5 bis 15 Minuten Zeit für die Meditation, konzentrieren Sie sich auf Ihren Atem oder führen Sie einen Körperscan durch. Wenn Sie Ihren Tag mit Meditation beginnen, steigern Sie Ihre geistige Klarheit und Ihr emotionales

Gleichgewicht, sodass Sie den Rest des Tages
leichter achtsam meistern können.

4. **Morgenseiten** : Erwägen Sie, 10 bis 20 Minuten lang
   ein Tagebuch zu führen, als Teil Ihrer täglichen
   Routine. Dies kann eine frei fließende Praxis sein,
   bei der Sie alles aufschreiben, was Ihnen in den Sinn
   kommt, und so Ihre Gedanken und Gefühle aus
   Ihrem Kopf auf Papier bringen. Dies ist nicht nur ein
   wirksames Mittel zur Selbstbesprechung, sondern
   kann auch neue Ideen und Erkenntnisse
   hervorbringen.

5. **Bewegung** : Integrieren Sie körperliche Bewegung,
   sei es Yoga, Gehen, Laufen oder Tanzen. Bewegung
   steigert die Stimmung und Energie und bietet
   unzählige körperliche Vorteile. Konzentrieren Sie
   sich bei Ihrer Bewegung auf die Empfindungen in
   Ihrem Körper und auf die Verbindung zwischen
   Ihrem Körper und dem Boden. Diese Praxis fördert
   die Achtsamkeit, während Sie sich Ihrer physischen
   Präsenz bewusst bleiben.

6. **Achtsames Essen** : Frühstücken Sie langsam und
   achten Sie dabei auf den Geschmack, die Textur und
   das Aroma des Essens. Konzentrieren Sie sich auf
   das Gefühl des Kauens und Schluckens und
   genießen Sie jeden Bissen. Diese Praxis erhöht nicht
   nur den Genuss der Mahlzeit, sondern fördert auch
   eine verbesserte Verdauung.

7. **Dankbarkeit** : Notieren Sie sich drei Dinge – ob klein
   oder groß –, für die Sie in Ihrem Leben dankbar sind.
   Es kann hilfreich sein, diese in ein Tagebuch zu
   schreiben oder sie einem geliebten Menschen
   mitzuteilen. Diese positive Reflexion lenkt Ihren
   Fokus auf den gegenwärtigen Moment und bereitet
   Ihren Geist auf eine positive Einstellung den ganzen
   Tag über vor.

8. **Legen Sie Absichten fest** : Bevor Sie sich in den Tag stürzen, legen Sie eine klare Absicht oder ein klares Ziel fest, das Sie erreichen möchten. Dies kann alles sein, von der Aufrechterhaltung eines gegenwärtigen Geisteszustandes bis hin zur Erledigung einer bestimmten Aufgabe. Wenn Sie diese Absicht im Hinterkopf behalten, bleiben Sie geerdet und behalten den ganzen Tag über einen Sinn fürs Ziel.

9. **Begrenzen Sie den Kontakt mit digitalen Geräten** : Vermeiden Sie bei diesen Morgenroutinen die Verwendung Ihres Telefons, Tablets oder Computers. Diese Zeit ist der Kultivierung der Achtsamkeit und der Verbindung mit Ihrem Körper und Ihrer Umgebung gewidmet. Indem Sie sich von digitalen Ablenkungen fernhalten, verringern Sie auch die Wahrscheinlichkeit, dass die Stressfaktoren des Tages in Ihre Morgenroutinen eindringen.

Denken Sie daran: Konsistenz ist der Schlüssel

Eine achtsame Morgenroutine zu schaffen, kann zunächst eine Herausforderung sein; Es braucht Zeit und konsequentes Üben, um diese neuen Gewohnheiten zu entwickeln. Der Schlüssel liegt darin, geduldig und sanft mit sich selbst umzugehen, während Sie den Prozess durcharbeiten. Mit konsequenter Anstrengung und Übung werden diese achtsamen Morgenrituale zu einem wesentlichen und angenehmen Aspekt Ihres täglichen Lebens.

8.2 Eine achtsame Morgenroutine pflegen

Die ersten Momente Ihres Tages sind entscheidend, um eine achtsame Grundlage zu schaffen und einen positiven Ton für jeden Tag festzulegen. Die Kontrolle über Ihre Morgenroutine ist der Schlüssel zu einem ruhigen, klaren und konzentrierten Start in den Tag. In diesem Abschnitt untersuchen wir verschiedene praktische Tipps und Übungen, die Ihnen dabei helfen, den Weg für einen achtsameren und bewussteren Tag zu ebnen.

8.2.1 Beginnen Sie mit der Absicht

Bevor Sie morgens überhaupt die Augen öffnen, nehmen Sie sich einen Moment Zeit, um sich auf Ihren Atem zu konzentrieren und eine Absicht für den Tag festzulegen. Es kann so einfach sein, dass Sie einen Bereich in Ihrem Leben auswählen, dem Sie Ihre Aufmerksamkeit schenken möchten, oder es kann eine Verpflichtung sein, eine positive Einstellung zu bewahren. Das Festlegen einer Absicht hilft dabei, Ihren Tag zu sinnvollen Maßnahmen zu führen und gibt Ihnen ein Gefühl von Sinn und Zweck.

8.2.2 Meditieren

Die Entwicklung einer täglichen Meditationspraxis ist eines der wirksamsten Werkzeuge zur Kultivierung von Achtsamkeit. Idealerweise sollten Sie sich dazu verpflichten, jeden Morgen mindestens 10–15 Minuten zu meditieren. Suchen Sie sich einen ruhigen und bequemen Platz, an dem Sie entspannt sitzen können. Konzentrieren Sie Ihre Aufmerksamkeit auf Ihren Atem und bringen Sie Ihren Geist sanft zurück, wann immer er abschweift. Mit der Zeit werden Sie eine gesteigerte Fähigkeit bemerken, präsent zu bleiben und Ihre Gedanken und Gefühle ohne Urteil zu beobachten.

8.2.3 Übe Dankbarkeit

Bevor Sie aufstehen, nehmen Sie sich einen Moment Zeit, um sich drei Dinge bewusst anzuerkennen, für die Sie dankbar sind. Es kann so einfach sein, dass Sie das warme Bett, in dem Sie liegen, schätzen, die Anwesenheit eines geliebten Menschen oder die Möglichkeit, jeden Tag neu anzufangen. Das Praktizieren von Dankbarkeit fördert eine positive Einstellung und hilft Ihnen, jeden Tag mit offenem Herzen anzugehen.

8.2.4 Vermeiden Sie Technologie

Widerstehen Sie dem Drang, morgens als Erstes zum Telefon oder Laptop zu greifen. Das Abrufen von E-Mails, sozialen Medien oder Nachrichten kann Ihren Geist leicht mit unnötigen Informationen und Stressfaktoren überladen. Erlauben Sie sich stattdessen, sich durch achtsame Aktivitäten zu erden und zu zentrieren, bevor Sie sich auf die digitale Welt einlassen.

8.2.5 Dehnen und achtsame Bewegung

Beginnen Sie Ihren Tag mit sanften Dehnübungen oder leichten körperlichen Aktivitäten wie Yoga, Tai Chi oder sogar einem kurzen Spaziergang im Freien. Bewegung in Ihre Morgenroutine bringt nicht nur Ihren Stoffwechsel in Schwung, sondern weckt auch Ihren Körper und schärft das Bewusstsein für Ihr körperliches Wesen.

8.2.6 Nähren Sie Ihren Körper

Konzentrieren Sie sich bei der Zubereitung Ihres Frühstücks auf die Auswahl gesunder und nahrhafter Optionen. Seien Sie während des Zubereitungs- und Kochvorgangs anwesend und nehmen Sie die Gerüche, Texturen und Geschmäcker der Zutaten wahr. Genießen Sie Ihre Mahlzeit langsam und achtsam und bedenken Sie dabei, wie die Lebensmittel, die Sie zu sich nehmen, zu Ihrer Gesundheit und Ihrem Wohlbefinden beitragen.

8.2.7 Schaffen Sie einen Raum der Achtsamkeit

Legen Sie einen Bereich in Ihrem Zuhause als Ihren „Raum der Achtsamkeit" fest – einen Ort, an dem Sie sitzen, nachdenken, Tagebuch schreiben oder sich an Aktivitäten beteiligen können, die Achtsamkeit fördern. Behalten Sie seine Einfachheit und Sauberkeit bei, um einen Raum zu schaffen, zu dem Sie sich hingezogen fühlen und in dem Sie Ruhe finden können.

8.2.8 Etablieren Sie eine konsistente Routine

Konsistenz ist der Schlüssel zur Integration von Achtsamkeit in Ihr tägliches Leben. Entwickeln Sie eine Morgenroutine, die Aktivitäten zur Förderung der Achtsamkeit umfasst, und machen Sie sie zu einem nicht verhandelbaren Teil Ihres Tages. Mit der Zeit wird die Routine zur zweiten Natur und ermöglicht einen reibungslosen Übergang zu einem achtsameren Lebensstil.

8.2.9 Pflegen Sie sinnvolle Verbindungen

Nehmen Sie sich morgens Zeit, um mit sich selbst und Ihren Lieben in Kontakt zu treten. Teilen Sie Ihre Absichten für den Tag mit, üben Sie aktives Zuhören oder schreiben Sie einen Dankesbrief. Der Aufbau und die Aufrechterhaltung sinnvoller Verbindungen kann das Glücksgefühl steigern und ein starkes Unterstützungssystem für Ihre Achtsamkeitsreise schaffen.

8.2.10 Denken Sie über Ihre Fortschritte nach

Wenn Sie Achtsamkeit in Ihr tägliches Leben integrieren, ist es wichtig, regelmäßig über Ihre Fortschritte nachzudenken. Journaling kann hier besonders hilfreich sein, um Ihre Erfahrungen, Erkenntnisse und Herausforderungen festzuhalten. Diese Reflexionszeit ermöglicht es Ihnen auch, bei Bedarf Anpassungen vorzunehmen, um Ihren Tagesablauf kontinuierlich zu personalisieren.

Achtsamkeit in Ihr tägliches Leben zu integrieren erfordert kontinuierliche Anstrengung und Engagement, aber die Umsetzung dieser Schritte zur Entwicklung einer fruchtbaren Morgenroutine kann den Übergang erleichtern. Wenn Sie üben, präsent und aufmerksam zu sein, werden Sie die Früchte eines erfüllteren, ausgeglicheneren und bedeutungsvolleren Lebens ernten.

8. Achtsamkeit in den Alltag integrieren: Praktische Tipps und Übungen

Die heutige Gesellschaft wird durch den ständigen Ansturm an Informationen und Ablenkungen angetrieben, die unsere digitalen Geräte bieten. Dies kann es schwierig machen, präsent zu bleiben und führt häufig zu einem erhöhten Stress- und Angstgefühl. Achtsamkeit ist eine Praxis, die diesen häufigen Schwierigkeiten entgegenwirkt, indem sie das Bewusstsein für den gegenwärtigen Moment, die emotionale Regulierung und das geistige Wohlbefinden fördert. In diesem Abschnitt stellen wir Ihnen eine Reihe praktischer Tipps und Übungen vor, mit denen Sie mehr Achtsamkeit in Ihren Alltag bringen können.

1. Beginnen Sie mit einer Morgenroutine:

Beginnen Sie Ihren Tag mit einem Fokus auf Achtsamkeit, indem Sie eine Morgenroutine etablieren, die Aktivitäten zur Förderung des Bewusstseins für den gegenwärtigen Moment beinhaltet. Dies kann Folgendes umfassen:

- Meditation – Beginnen Sie Ihren Tag mit einer 10–20-minütigen Achtsamkeitsmeditation, bei der Sie Ihre Aufmerksamkeit auf Ihren Atem, Ihre Körperempfindungen oder ein Mantra richten.
- Yoga – Yoga trägt zur Entwicklung einer besseren Verbindung zwischen Körper und Geist bei und kombiniert Meditation, Atemarbeit und körperliche Bewegung.
- Tagebuch schreiben – Nehmen Sie sich jeden Morgen ein paar Minuten Zeit, um Ihre Gedanken, Gefühle und Absichten für den Tag aufzuschreiben. Diese Praxis kann Ihnen dabei helfen, Ihr Selbstbewusstsein zu kultivieren und einen proaktiven Ansatz für den kommenden Tag zu entwickeln.
- Dankbarkeit – Beginnen Sie Ihren Tag mit einer Haltung der Dankbarkeit und nennen Sie jeden Morgen drei Dinge, für die Sie dankbar sind. Diese einfache Übung schärft Ihr Bewusstsein für die positiven Aspekte Ihres Lebens und fördert das allgemeine Wohlbefinden.

2. Übe achtsames Essen:

Verwandeln Sie Ihre Mahlzeiten in achtsame Erlebnisse, indem Sie Ihre volle Aufmerksamkeit auf den Akt des Essens richten. Anstatt Ihr Essen schnell oder vor einem Bildschirm zu essen, konzentrieren Sie sich auf den Geschmack, die Textur und den Geruch jedes Bissens. Indem Sie langsamer werden und während der Mahlzeiten präsent sind, fördern Sie eine gesündere Verdauung,

steigern die Zufriedenheit und fördern eine größere
Wertschätzung für die Nährstoffe, die die Nahrung bietet.

3. Machen Sie regelmäßig Bildschirmpausen:

Reduzieren Sie bildschirmbasierte Ablenkungen und
digitale Überforderung, indem Sie Grenzen bei der
Gerätenutzung setzen. Legen Sie über den Tag verteilt
regelmäßige Intervalle fest, in denen Sie sich von Ihren
Geräten fernhalten, beispielsweise während der Mahlzeiten
oder für kurze Pausen. Priorisieren Sie in diesen Pausen
Aktivitäten, die die Achtsamkeit fördern, wie zum Beispiel
einen Spaziergang machen, tief durchatmen oder einfach
Ihre Umgebung ohne Ablenkung beobachten.

4. Integrieren Sie achtsame Bewegung:

Körperliche Aktivitäten wie Gehen oder Joggen können in
achtsame Erfahrungen umgewandelt werden, wenn Sie ein
größeres Bewusstsein für die Bewegung Ihres Körpers und
die damit einhergehenden Empfindungen entwickeln.
Achtsame Bewegung stärkt auch Ihre Verbindung zu Ihrem
Körper und hilft Ihnen, im gegenwärtigen Moment geerdet
zu bleiben.

5. Achtsame Kommunikation:

Üben Sie achtsames Zuhören, wenn Sie Gespräche mit
anderen führen. Schenken Sie der sprechenden Person
Ihre volle Aufmerksamkeit und konzentrieren Sie sich
darauf, ihre Perspektive ohne Urteil zu verstehen. Indem
Sie aktives Zuhören üben, zeigen Sie nicht nur Respekt
und Empathie für die andere Person, sondern werden auch
präsenter und engagierter in Ihren Interaktionen.

6. Führen Sie die täglichen Aufgaben achtsam aus:

Bringen Sie Achtsamkeit in alltägliche Aufgaben wie das Abwaschen des Geschirrs oder das Falten von Wäsche, indem Sie Ihre Sinne voll einbeziehen und jedem Schritt des Prozesses Aufmerksamkeit schenken. Wenn Sie sich auf die anstehende Aufgabe konzentrieren, werden Sie mehr Freude und Zufriedenheit an diesen Routinetätigkeiten empfinden, sodass sie angenehmer und weniger mühsam sind.

7. Achtsames Atmen:

Kultivieren Sie den ganzen Tag über das Bewusstsein für Ihren Atem als einfache und wirksame Methode zur Förderung der Achtsamkeit. Wenn Sie bemerken, dass Sie gestresst oder von Gedanken überwältigt werden, richten Sie Ihre Aufmerksamkeit auf Ihren Atem und atmen Sie langsam und tief ein und aus. Diese Praxis hilft nicht nur, Emotionen zu regulieren, sondern verbessert auch den Fokus und die Konzentration.

8. Meditieren Sie vor dem Schlafengehen:

Lassen Sie Ihren Tag mit einer kurzen Achtsamkeitsmeditation vor dem Schlafengehen ausklingen. Ähnlich wie Sie Ihren Tag mit Meditation beginnen, kann diese Abendübung dazu beitragen, Ihren Geist zu klären, Spannungen abzubauen und Ihren Körper auf einen erholsamen Schlaf vorzubereiten.

9. Nehmen Sie an Achtsamkeits-Workshops/-Programmen teil:

Erwägen Sie die Teilnahme an einem Achtsamkeitsworkshop oder die Anmeldung zu einem Online-Programm, um Ihre Praxis zu vertiefen und neue Techniken zu erlernen. Achtsamkeitskurse oder Retreats können Ihnen wertvolle Werkzeuge, Unterstützung und

Anleitung bieten, die Ihre Reise zum achtsamen Leben bereichern können.

10. Richten Sie eine persönliche Achtsamkeitserinnerung ein:

Wählen Sie einen Gegenstand oder ein Symbol, das Sie daran erinnert, den ganzen Tag über achtsam zu sein, z. B. einen kleinen Stein, ein Schmuckstück oder sogar einen Computer-Bildschirmschoner. Wenn Sie Ihre Erinnerung bemerken, halten Sie einen Moment inne, um bei sich selbst zu prüfen, Ihre aktuelle Denkweise einzuschätzen und Ihre Aufmerksamkeit wieder auf den gegenwärtigen Moment zu lenken.

Die Integration von Achtsamkeit in Ihr tägliches Leben kann zu zahlreichen Vorteilen für Ihre geistige und körperliche Gesundheit führen. Indem Sie einige oder alle dieser Praktiken und Übungen anwenden, entwickeln Sie dauerhafte Gewohnheiten, die zu Ihrem allgemeinen Wohlbefinden beitragen und ein achtsameres, bewussteres Leben fördern. Denken Sie daran, auf dieser Reise geduldig zu sein und sich daran zu erinnern, dass Achtsamkeit eine Praxis ist, die Zeit und Engagement erfordert, um sie vollständig in Ihr Leben zu integrieren. Genießen Sie den Prozess!

Innehalten, atmen und präsent sein: Achtsame Momente den ganzen Tag über

Eine der effektivsten Möglichkeiten, Achtsamkeit in unser tägliches Leben zu integrieren, besteht darin, Zeiträume zu schaffen, in denen wir bewusst langsamer werden, bei uns selbst einchecken und präsent werden. Auf diese Weise stärken wir nicht nur unsere Widerstandskraft im Umgang mit alltäglichen Stressfaktoren, sondern eröffnen uns auch die Möglichkeit, die Schönheit um uns herum zu schätzen, Dankbarkeit zu finden und Freude zu empfinden – selbst in den banalsten Momenten.

Achtsame Morgen

Beginnen wir ganz am Anfang unseres Tages – dem Moment, in dem wir aufwachen. Unsere Morgenroutinen geben den Ton für den Rest unseres Tages vor, daher ist es wichtig, die Dinge richtig zu beginnen. Hier sind ein paar achtsame Morgenübungen, die Sie in Betracht ziehen sollten:

- Legen Sie Ihre Absichten für den Tag fest, bevor Sie aufstehen. Atmen Sie ein paar Mal tief durch und visualisieren Sie, wie sich Ihr Tag entwickeln soll.
- Vermeiden Sie es, morgens als Erstes zum Telefon zu greifen. Beginnen Sie Ihren Tag stattdessen mit ein paar Minuten achtsamer Atmung, Meditation oder sanftem Dehnen.
- Genießen Sie Ihr Morgenritual, sei es das Zubereiten von Kaffee, das Zähneputzen oder die Zubereitung des Frühstücks, und achten Sie dabei auf die Düfte, Geschmäcker und Texturen.
- Nehmen Sie sich Zeit für eine tägliche Dankbarkeitsübung – schreiben Sie jeden Morgen drei Dinge auf, für die Sie dankbar sind.

Mini-Achtsamkeitspausen

Im Laufe des Tages ist es von Vorteil, bei uns selbst einzuchecken und unseren Fokus wieder auf den gegenwärtigen Moment zu richten. Diese kleinen Achtsamkeitspausen können Ihnen dabei helfen, Stress abzubauen, die Konzentration und Konzentration zu verbessern und das allgemeine Wohlbefinden zu steigern. Hier sind einige Möglichkeiten, diese Pausen in Ihren Zeitplan zu integrieren:

- Legen Sie im Laufe des Tages Erinnerungen fest, um eine Achtsamkeitspause einzulegen. Verwenden Sie eine App, einen Timer auf Ihrem Telefon oder Haftnotizen, um Sie daran zu erinnern, ein paar Mal tief durchzuatmen, Ihre Umgebung zu beobachten oder einfach nur die Empfindungen in Ihrem Körper wahrzunehmen.
- Machen Sie während Ihrer Mittags- oder Kaffeepause einen „achtsamen Spaziergang". Konzentrieren Sie sich auf Ihre Schritte, das Gefühl, wenn Ihre Füße den Boden berühren, Ihren Atem und die Anblicke und Geräusche um Sie herum.
- Nehmen Sie sich vor und während Besprechungen oder Telefongesprächen einen Moment Zeit, um auf Ihren Atem und Ihre Gefühle zu achten. Legen Sie eine Absicht für das Gespräch fest und denken Sie daran, Ihre Aufmerksamkeit wieder auf Ihren Atem zu richten, wenn Sie gestresst oder überfordert sind.
- Wenn Sie warten – in der Schlange, in der Arztpraxis oder auf den Beginn einer Besprechung – nehmen Sie sich einen Moment Zeit, um Achtsamkeit zu üben. Beobachten Sie Ihre Umgebung, Ihren Atem und alle Empfindungen in Ihrem Körper.

Achtsame Abende

Die Art und Weise, wie wir unseren Tag beenden, ist genauso wichtig wie die Art und Weise, wie wir ihn beginnen. Indem wir mit einem Gefühl der Achtsamkeit abschalten, können wir jegliche Anspannung des Tages lösen, uns auf einen erholsamen Schlaf vorbereiten und am nächsten Tag frisch beginnen. Probieren Sie diese achtsamen Abendübungen aus:

- Erstellen Sie einen digitalen Sonnenuntergang, indem Sie jeden Abend eine bestimmte Zeit festlegen, zu der Sie Bildschirme und Geräte ausschalten. Nutzen Sie diese Zeit, um sich selbst zu pflegen oder mit Ihren Lieben in Kontakt zu treten.
- Üben Sie beim Abendessen „achtsames Essen". Genießen Sie die Aromen, Texturen und Gerüche Ihrer Mahlzeit und kauen Sie langsam. Drücken Sie Ihre Dankbarkeit für die Ernährung und den Prozess aus, der nötig war, um das Essen auf Ihren Teller zu bringen.
- Pflegen Sie eine achtsame Schlafenszeitroutine. Erwägen Sie sanfte Dehnübungen, tiefe Atemübungen oder Körperscan-Meditationen, um sich zu entspannen und sich auf einen erholsamen Schlaf vorzubereiten.
- Führen Sie ein Dankbarkeitstagebuch neben Ihrem Bett und schreiben Sie jeden Abend drei Dinge auf, für die Sie dankbar sind.

Denken Sie daran: Der Schlüssel zur Integration von Achtsamkeit in Ihr tägliches Leben liegt darin, sie zur Gewohnheit zu machen. Fangen Sie klein an, bleiben Sie konsequent und bleiben Sie sanft zu sich selbst, während Sie diese Übungen in Ihre Routine integrieren. Mit der Zeit werden Sie feststellen, wie Achtsamkeit Ihre Erfahrungen im täglichen Leben verbessert und Ihre digitale Entgiftungsreise unterstützt, was zu einem präsenteren, ausgeglicheneren und vernetzteren Leben führt.

9. Gesunde digitale Gewohnheiten schaffen: Grenzen setzen und das Gleichgewicht wahren

Grenzen setzen und das Gleichgewicht wahren

Im heutigen digitalen Zeitalter kann die ständige Konnektivität und Ablenkung durch elektronische Geräte dazu führen, dass sich unser Geist müde und überfordert fühlt. Um unser geistiges Wohlbefinden zu schützen und ein ausgeglicheneres Leben zu führen, ist es wichtig, gesunde digitale Gewohnheiten zu etablieren. Das Setzen von Grenzen und die Aufrechterhaltung eines ausgewogenen Umgangs mit Technologie können unserer geistigen Gesundheit, unseren sozialen Beziehungen und unserem allgemeinen Glück zugute kommen. In diesem Abschnitt werden wir Strategien zur Schaffung und Aufrechterhaltung gesunder digitaler Gewohnheiten untersuchen, die wiederum zu einem achtsameren Lebenserlebnis beitragen.

Setzen Sie klare Grenzen

Das Setzen von Grenzen für den Einsatz von Technologie ist für die Aufrechterhaltung des Gleichgewichts in unserem Leben von entscheidender Bedeutung. Klarheit darüber, was akzeptabel ist und was nicht, ermöglicht es uns, die Kontrolle über unsere Zeit zu übernehmen und stellt sicher, dass die Technologie uns dient und nicht umgekehrt. Hier sind einige Tipps, um klare Grenzen zu setzen:

1. **Erstellen Sie einen Zeitplan** : Bestimmen Sie, wann
   und wie lange Sie sich mit Technologie beschäftigen
   möchten. Gehen Sie bewusst mit den Stunden Ihrer
   Konnektivität und, was noch wichtiger ist, mit den
   Stunden ohne Verbindung um. Sie könnten
   beispielsweise eine Regel festlegen, um Bildschirme
   während der Mahlzeiten oder eine Stunde vor dem
   Schlafengehen zu vermeiden.
2. **Priorisieren Sie Offline-Aktivitäten** : Investieren
   Sie Zeit und Energie in Hobbys, Interessen und
   Beziehungen, bei denen es nicht um Bildschirme
   geht. Dazu kann es gehören, Bücher zu lesen, Sport
   zu treiben, sich künstlerisch zu betätigen oder
   schöne Zeit mit Freunden und der Familie zu
   verbringen.
3. **Richten Sie gerätefreie Zonen ein** : Legen Sie
   bestimmte Bereiche in Ihrem Zuhause, wie zum
   Beispiel das Schlafzimmer oder das Esszimmer, als
   gerätefreie Zonen fest. Dadurch werden achtsamere
   und präsentere Interaktionen mit Ihrer Umgebung
   und den Menschen um Sie herum gefördert.

Halten Sie aktiv das Gleichgewicht

Sobald Sie klare Grenzen gesetzt haben, ist es wichtig, Ihre
digitalen Gewohnheiten aktiv im Gleichgewicht zu halten.
Seien Sie wachsam und stellen Sie sicher, dass die
Technologie nicht Ihr Leben übernimmt, indem Sie die
folgenden Tipps befolgen:

1. **Überwachen Sie Ihre Nutzung** : Verfolgen Sie die
   Zeit, die Sie auf verschiedenen Geräten und Apps
   verbringen. Wenn Sie wissen, wie viel Zeit Sie online
   verbringen, können Sie bessere Entscheidungen
   über Ihre digitalen Gewohnheiten treffen. Es gibt
   Apps, mit denen Sie Ihre Bildschirmzeit überwachen

und sogar Limits für bestimmte Apps oder Aktivitäten festlegen können.

2. **Machen Sie regelmäßig digitale Entgiftungen** : Machen Sie regelmäßig einen Tag oder sogar eine Woche Pause von der Technologie. Nutzen Sie diese Zeit, um sich neu zu zentrieren und sich an Aktivitäten zu beteiligen, die Ihren Geist und Körper regenerieren.

3. **Setzen Sie sich konkrete Ziele** : Um das Gleichgewicht Ihrer digitalen Gewohnheiten aufrechtzuerhalten, setzen Sie sich konkrete Ziele. Sie könnten sich beispielsweise dafür entscheiden, Ihre Social-Media-Nutzung auf 30 Minuten pro Tag zu beschränken oder E-Mails nur dreimal am Tag zu lesen. Ein klares Ziel kann es einfacher machen, diszipliniert in Ihren Gewohnheiten zu bleiben.

Kultivieren Sie Achtsamkeit und Selbstmitgefühl

Denken Sie bei der Entwicklung gesunder digitaler Gewohnheiten daran, Achtsamkeit und Selbstmitgefühl zu kultivieren. Seien Sie präsent und machen Sie sich bewusst, wie sich der Einsatz von Technologie auf Ihre Emotionen, Beziehungen und Ihr allgemeines Wohlbefinden auswirkt. Erkennen Sie, wann eine digitale Entgiftung angebracht sein könnte, und gehen Sie nicht zu streng mit sich selbst um, wenn Sie manchmal Schwierigkeiten haben, das Gleichgewicht zu halten. Es ist wichtig, sich daran zu erinnern, dass das Setzen von Grenzen und das Aufrechterhalten des Gleichgewichts kontinuierliche Prozesse sind und es in Ordnung ist, wenn sie nicht jeden Tag perfekt sind.

1. **Üben Sie Achtsamkeit** : Seien Sie bei Ihren Interaktionen mit Technologie präsent. Achten Sie darauf, wie sich die Zeit, die Sie vor Bildschirmen

verbringen, auf Ihre Stimmung, Ihr Energieniveau und Ihre Beziehungen auswirkt. Erkennen Sie, wann Sie möglicherweise einen Schritt zurücktreten und eine Pause machen müssen.

2. **Verzeihen Sie sich selbst** : Wie jede Gewohnheit erfordert auch die Etablierung gesunder digitaler Verhaltensweisen Zeit und Übung. Verzeihen Sie sich, wenn Ihnen gelegentlich ein Fehler unterläuft und Sie mehr Zeit online verbringen, als Ihnen lieb ist. Nutzen Sie diese Momente als Gelegenheiten zur Selbstreflexion und zum Wachstum und nicht als Gründe, sich selbst zu beschimpfen.

Ein ausgeglichenes digitales Leben anstreben

Zusammenfassend lässt sich sagen, dass die Entwicklung gesunder digitaler Gewohnheiten unerlässlich ist, um in unserer schnelllebigen, vernetzten Welt Gleichgewicht und Glück zu finden. Indem wir klare Grenzen setzen, aktiv das Gleichgewicht wahren und Achtsamkeit und Selbstmitgefühl kultivieren, können wir die Kontrolle über die Nutzung unserer Technologie übernehmen und sicherstellen, dass sie uns einen positiven Nutzen bringt.

Denken Sie daran, dass das Setzen von Grenzen und das Aufrechterhalten des Gleichgewichts ein kontinuierlicher, sich weiterentwickelnder Prozess ist und die Reise für jeden anders aussehen wird. Überdenken und verfeinern Sie Ihre Strategien immer wieder und seien Sie geduldig mit sich selbst, während Sie auf ein achtsameres und ausgeglicheneres digitales Leben hinarbeiten.

Gesunde digitale Gewohnheiten schaffen: Grenzen setzen und das Gleichgewicht wahren

Da wir immer mehr Technologie in unser tägliches Leben integrieren, wird die Notwendigkeit, gesunde digitale Gewohnheiten anzunehmen, immer wichtiger. Indem wir Grenzen setzen und das Gleichgewicht wahren, können wir die häufigen Fallstricke eines übermäßigen Konsums wie Technologiesucht, Neid auf soziale Medien und Informationsüberflutung vermeiden. In diesem Abschnitt besprechen wir die Strategien und Praktiken zur Schaffung eines ausgewogenen digitalen Lebens, darunter:

1. Festlegung Ihrer digitalen Werte und Prioritäten
2. Nutzungsgrenzen setzen und Technologiebrüche umsetzen
3. Achtsame Konsum- und Kommunikationsgewohnheiten entwickeln
4. Persönliche Kontakte fördern und echte Beziehungen pflegen
5. Setzen Sie auf digitalen Minimalismus und vereinfachen Sie Ihr Online-Leben

1. Festlegung Ihrer digitalen Werte und Prioritäten

Bevor Sie sich auf den Weg zur digitalen Entgiftung machen, ist es wichtig, über Ihre Werte und Prioritäten im Hinblick auf den Einsatz von Technologie nachzudenken. Stellen Sie sich folgende Fragen:

- Spiegeln meine digitalen Entscheidungen meine persönlichen Werte wider?

- Welche Rolle soll Technologie in meinem Leben spielen?
- Wie kann ich Technologie gezielter und gezielter einsetzen?
- Welche Online-Aktivitäten und Plattformen bereichern mein Leben?

Sobald Sie ein klareres Verständnis Ihrer digitalen Werte und Prioritäten haben, wird es einfacher sein, einen Plan zu erstellen, der auf diese Ziele abgestimmt ist.

2. Festlegung von Nutzungsgrenzen und Implementierung von Technologiebrüchen

Um das Gleichgewicht in Ihrem digitalen Leben zu wahren, ist es wichtig, Nutzungsbeschränkungen festzulegen und regelmäßige Technologiepausen einzuplanen. Hier sind einige Strategien, die Ihnen helfen, die Kontrolle über Ihre Zeit zurückzugewinnen:

- Legen Sie tägliche Bildschirmzeitlimits fest oder weisen Sie jeder Online-Aktivität oder Plattform eine bestimmte Anzahl von Stunden/Minuten zu.
- Verwenden Sie Apps wie Freedom, Moment oder Forest, um Ihre Nutzung zu verfolgen oder bestimmte Websites/Apps zu bestimmten Zeiten zu blockieren.
- Deaktivieren Sie Benachrichtigungen für nicht unbedingt erforderliche Apps oder schalten Sie Ihr Telefon zu bestimmten Zeiten in den „Bitte nicht stören"-Modus.
- Planen Sie regelmäßige Digital-Detox-Tage oder Wochenenden (z. B. einmal im Monat) ein, um völlig abzuschalten und neue Energie zu tanken.
- Machen Sie über den Tag verteilt kurze Technologiepausen oder „Mikro-Entgiftungen" (z. B.

während des Mittagessens oder vor dem Zubettgehen), um abzuschalten.

3. Entwicklung achtsamer Konsum- und Kommunikationsgewohnheiten

Um gesündere digitale Gewohnheiten zu fördern, ist es wichtig, achtsamen Konsum und Kommunikation zu praktizieren. Beachten Sie diese Vorgehensweisen bei der Interaktion mit Technologie:

- Bevor Sie auf Ihr Telefon schauen oder online surfen, halten Sie inne und fragen Sie sich: „Verstecke ich einen bestimmten Zweck oder eine bestimmte Absicht hinter dieser Aktion?"
- Bemühen Sie sich, sich jeweils auf eine digitale Aktivität zu konzentrieren und vermeiden Sie gedankenloses Scrollen oder zwanghaftes Multitasking.
- Hören Sie auf Ihren Körper und erkennen Sie, wann Sie eine Pause machen oder die Aufgabe wechseln müssen (z. B. wenn Sie sich angespannt oder müde fühlen).
- Üben Sie bewusstes Posten und Kommentieren im Internet und berücksichtigen Sie dabei sowohl den Zweck Ihrer Nachricht als auch die Auswirkungen, die sie auf andere haben kann.
- Achten Sie auf die Inhalte, die Sie konsumieren, und auf die Gespräche, die Sie führen, und stellen Sie sicher, dass sie mit Ihren digitalen Werten und Prioritäten übereinstimmen.

4. Persönliche Kontakte fördern und echte Beziehungen pflegen

Da unsere Welt immer digitaler wird, vergisst man leicht die Bedeutung persönlicher Kontakte und authentischer Beziehungen. Beachten Sie diese Tipps, um das Gleichgewicht in Ihrem sozialen Leben zu wahren:

- Priorisieren Sie nach Möglichkeit persönliche Interaktionen gegenüber digitaler Kommunikation und nehmen Sie sich Zeit für soziale Aktivitäten.
- Pflegen Sie die Gewohnheit, bei Gesprächen aufmerksam zuzuhören und eine echte Verbindung herzustellen, Ablenkungen zu reduzieren und vollständig präsent zu sein.
- Erwägen Sie den Beitritt zu örtlichen Clubs, Organisationen oder Hobbygruppen, um Ihre Community-Verbindungen zu stärken und authentische Freundschaften zu schließen.
- Nehmen Sie an technikfreien Familienessen oder Zusammenkünften teil, um wertvolle Zeit und sinnvolle Gespräche zu fördern.
- Fördern Sie ein Gleichgewicht zwischen Online- und Offline-Beziehungen, indem Sie einige digitale Verbindungen in reale Umgebungen integrieren, z. B. durch die Verbindung mit Online-Freunden über Meetups oder Veranstaltungen.

5. Setzen Sie auf digitalen Minimalismus und vereinfachen Sie Ihr Online-Leben

Unter digitalem Minimalismus versteht man die bewusste Reduzierung Ihres digitalen Fußabdrucks und die Vereinfachung Ihres Online-Lebens. Wenn Sie sich diese Philosophie zu eigen machen, können Sie Ihre Konzentration und Kontrolle über Ihre Zeit und Aufmerksamkeit wiedergewinnen. Hier sind einige Möglichkeiten, digitalen Minimalismus zu praktizieren:

- Führen Sie eine Prüfung Ihrer Online-Konten durch und löschen oder kündigen Sie diejenigen, die keinen Zweck mehr erfüllen oder Ihren digitalen Werten entsprechen.
- Wählen Sie einige ausgewählte Social-Media-Plattformen oder Online-Communities aus, um Ihre Energie und Ihr Engagement zu konzentrieren, anstatt zu versuchen, auf mehreren Websites präsent zu bleiben.
- Richten Sie eine digitale Aufräumroutine ein (z. B. monatlich oder vierteljährlich), um Ihre Geräte, Apps und digitalen Dateien zu überprüfen und zu optimieren.
- Setzen Sie Grenzen für Ihren digitalen Konsum, indem Sie Clickbait-Artikel vermeiden, die Nachrichtenaufnahme einschränken und sich auf eine bestimmte Anzahl von Newslettern, Podcasts oder Online-Kursen festlegen.
- Arbeiten Sie daran, gesunde Offline-Gewohnheiten und Hobbys zu entwickeln, um den übermäßigen Einsatz von Technologie zu ersetzen, z. B. Lesen, Sport treiben oder eine kreative Fähigkeit üben.

Durch die Übernahme dieser Strategien können Sie starke Grenzen setzen und das Gleichgewicht in Ihrem digitalen Leben aufrechterhalten und so den Weg für ein achtsameres, bewussteres und gegenwärtigeres Leben ebnen. Mit Beharrlichkeit und Engagement können Sie gesündere digitale Gewohnheiten fördern, Ihr Wohlbefinden steigern und von den Vorteilen eines ausgeglicheneren Lebens profitieren.

Grenzen setzen und das Gleichgewicht wahren: Ein ganzheitlicher Ansatz für digitales Wohlbefinden

Wir leben in einer Zeit, in der unsere Tage mit einer überwältigenden Menge digitaler Reize gefüllt sind. Von Smartphones, E-Mails, sozialen Medien, Serien auf Streaming-Plattformen bis hin zu endlosen Browsing-Sessions – es besteht unbestreitbar die Notwendigkeit, die Art und Weise, wie wir digitale Technologie nutzen, neu zu bewerten. Da wir bestrebt sind, gesündere digitale Gewohnheiten zu schaffen, müssen wir auch erkennen, wie wichtig es ist, Grenzen zu setzen und ein Gleichgewicht für unser physisches, psychisches und emotionales Wohlbefinden aufrechtzuerhalten.

Identifizieren Sie Ihre digitalen Gewohnheiten

Einer der ersten Schritte, um die Grenze zwischen gesunden und ungesunden digitalen Gewohnheiten abzugrenzen, ist eine **gründliche Bewertung Ihrer aktuellen Routinen** . Verfolgen Sie Ihre tägliche Nutzung, laden Sie eine App herunter, um Ihre Bildschirmzeit zu verfolgen, oder führen Sie ein Tagebuch, um Ihr Online-Verhalten zu dokumentieren. Behalten Sie diese Fragen im Hinterkopf:

- Zu welchen Tageszeiten sind Sie am häufigsten online und warum?
- Können Sie bestimmte Situationen oder Ereignisse identifizieren, die Sie dazu veranlassen, eine Verbindung herzustellen?

- Gibt es bestimmte Plattformen oder Anwendungen, die den Großteil Ihres digitalen Konsums ausmachen?

Durch die Analyse Ihrer bestehenden digitalen Gewohnheiten können Sie besser verstehen, was sich ändern muss, einen Fahrplan für Ihre digitale Entgiftungsreise erstellen und letztendlich gesündere Gewohnheiten in Ihrem täglichen Leben etablieren.

Intelligente digitale Grenzen schaffen und implementieren

Legen Sie basierend auf Ihrer Einschätzung Ihres digitalen Lebens bewusst konstruierte **digitale Grenzen fest** . Ergreifen Sie Maßnahmen, um diese Grenzen konsequent umzusetzen, und überprüfen Sie sie kontinuierlich, um ihre Wirksamkeit sicherzustellen. Hier sind einige Strategien, die Sie in Betracht ziehen sollten:

1. **Definieren Sie „digitalfreie" Zonen und Zeiten.** Physische und zeitliche Grenzen können äußerst effektiv sein. Richten Sie in Ihrem Zuhause gerätefreie Räume wie das Schlafzimmer ein, um einen Rückzugsort für Ruhe und Erholung zu schaffen. Legen Sie außerdem Zeiten für die digitale Trennung fest, z. B. während der Mahlzeiten, eine Stunde vor dem Schlafengehen oder während der festgelegten „Familienzeit".
2. **Legen Sie Beschränkungen für bestimmte Plattformen und Anwendungen fest.** Soziale Medien, E-Mail und Unterhaltungsplattformen sind häufige Ursachen für übermäßigen Konsum. Erstellen Sie Nutzungsregeln, z. B. das Abrufen von E-Mails nur zu bestimmten Zeiten oder das Beantworten von Massennachrichten. Verpflichten

Sie sich, jede Woche eine einzige Folge einer Serie anzusehen, oder planen Sie Social-Media-Beiträge im Voraus, um reaktives Scrollen einzuschränken.

3. **Beschränken Sie Benachrichtigungen.** Häufige Benachrichtigungstöne und Vibrationen können ablenkend sein und Angst auslösen. Deaktivieren Sie nicht unbedingt erforderliche Benachrichtigungen auf Ihren Geräten und erwägen Sie die Einführung einer strikten „Silent Mode"-Richtlinie für einen Teil des Tages.
4. **Entscheiden Sie sich für Analog.** Nutzen Sie analoge Alternativen zu digitalen Aktivitäten. Lesen Sie physische Bücher, schreiben Sie in ein Tagebuch oder verwenden Sie einen Wecker anstelle Ihres Telefons. Sie werden vielleicht feststellen, dass diese analogen Aktivitäten ein Gefühl der Befriedigung und Beruhigung vermitteln, das ihre digitalen Gegenstücke einfach nicht nachahmen können.

Achtsamkeit im digitalen Zeitalter kultivieren

Während das Setzen von Grenzen ein entscheidender erster Schritt ist, **hängt das langfristige digitale Wohlbefinden von der Kultivierung von Achtsamkeit** bei unseren alltäglichen Entscheidungen ab. Hier sind einige achtsame Praktiken, die Sie in Ihre digitale Detox-Reise integrieren können:

1. **Der „Warum"-Test.** Halten Sie jedes Mal inne, wenn Sie nach Ihrem Gerät greifen, und fragen Sie sich: „Warum mache ich das?" Indem Sie Ihr Bewusstsein für Ihre Beweggründe schärfen, können Sie ungesunde digitale Verhaltensweisen leichter erkennen und vermeiden.
2. **Dankbarkeitspraktiken.** Anstatt online Luft zu machen und nach Bestätigung zu suchen, nehmen

Sie sich die Zeit, durch Telefonanrufe oder persönliche Gespräche mit den wichtigsten Menschen in Ihrem Leben in Kontakt zu treten. Drücken Sie regelmäßig Ihre Dankbarkeit aus, indem Sie diesen Personen sagen, wie viel sie Ihnen bedeuten.

3. **Umarmen Sie die Stille.** Während wir uns ständig einer Informationsüberflutung nähern, kann die Umarmung der Stille Wunder für unsere Achtsamkeit und unser allgemeines Wohlbefinden bewirken. Machen Sie Pausen von der akustischen und visuellen Stimulation und geben Sie sich Gelegenheit zum Ausruhen, Durchatmen und Nachdenken.

4. **Digitaler Genuss.** Wählen Sie jeden Tag ein positives digitales Erlebnis und genießen Sie es. Beschäftigen Sie sich voll und ganz mit dem Inhalt und nehmen Sie sich die Zeit, ihn vollständig zu genießen. Denken Sie anschließend darüber nach, warum diese Erfahrung für Sie so angenehm war.

Abschluss

Indem Sie Ihre aktuellen digitalen Gewohnheiten identifizieren, intelligente digitale Grenzen schaffen und umsetzen und Achtsamkeit fördern, können Sie einen ausgewogenen digitalen Lebensstil erreichen, der Ihr allgemeines Wohlbefinden unterstützt. Denken Sie daran, geduldig und freundlich zu sich selbst zu sein, während Sie sich auf den Weg zu einer gesünderen und achtsameren Verbindung mit der digitalen Welt machen.

9. Gesunde digitale Gewohnheiten schaffen: Grenzen setzen und das Gleichgewicht wahren

In unserer modernen Welt sind wir mit Technologie und ständiger Konnektivität überschwemmt. Während diese Fortschritte unser Leben auf bemerkenswerte Weise verändert haben, haben sie auch die dringende Notwendigkeit geschaffen, gesunde digitale Gewohnheiten zu etablieren. Indem wir Grenzen setzen und das Gleichgewicht wahren, können wir die Leistungsfähigkeit der Technologie nutzen und gleichzeitig die Fallstricke von Bildschirmsucht, geistiger Erschöpfung und beeinträchtigten Beziehungen vermeiden.

Die Bedeutung des Setzens von Grenzen

Der Ausdruck „Technologie kennt keine Grenzen" wird häufig verwendet, um die endlosen Möglichkeiten hervorzuheben, die sie bietet. Das Fehlen von Grenzen kann jedoch ein zweischneidiges Schwert sein: Wenn die Technologie nicht kontrolliert wird, kann sie schnell in jeden Aspekt unseres Lebens eindringen und ihn dominieren.

Das Setzen von Grenzen bei digitalen Geräten fördert ein Gefühl der Kontrolle und Absicht bei unserer Nutzung. Diese Praxis spart Zeit für andere wesentliche Aspekte unseres Lebens, wie Selbstfürsorge und die Pflege unserer Beziehungen. Indem wir Maßnahmen ergreifen, um unseren Geräten klare Grenzen zu setzen, schützen wir uns vor der Suchtgefahr ständiger Verbindung und ermöglichen uns, in unserem Alltag präsent zu sein.

Richten Sie bildschirmfreie Zonen und Zeiten ein

Wählen Sie in Ihrem Zuhause bestimmte Bereiche aus, in denen Geräte nicht erlaubt sind, beispielsweise das Schlafzimmer oder das Esszimmer. Dadurch fördern Sie Entspannung und Achtsamkeit in diesen Räumen und ermöglichen so eine tiefere Verbindung zu sich selbst und

Ihren Lieben. Legen Sie außerdem bestimmte Zeiten fest, zu denen Bildschirme verboten sind, z. B. während der Mahlzeiten, in den frühen Morgenstunden oder vor dem Schlafengehen. Durch das Festlegen von Parametern können Sie ein strukturierteres Nutzungsmuster entwickeln und übermäßigen Genuss vermeiden.

Legen Sie Nutzungsbeschränkungen fest

Um zu vermeiden, dass Sie übermäßig viel Zeit mit Geräten verbringen, legen Sie klare Grenzen fest, indem Sie die Dauer, Häufigkeit oder Bedingungen der Nutzung festlegen. Nutzen Sie die Funktionen vieler Geräte, wie z. B. Zeitlimits und App-Einschränkungen. Beispielsweise können Sie soziale Medien nur zu bestimmten Zeitfenstern durchsuchen oder bestimmte Apps auf eine festgelegte tägliche Anzahl beschränken. Indem Sie diese Grenzen bewusst festlegen, verhindern Sie sinnloses Scrollen und tragen dazu bei, dass Ihre Aktivitäten mit Ihren Zielen und Werten übereinstimmen.

Definieren Sie Ihren Zweck

Bevor Sie Ihr Gerät verwenden, halten Sie inne und denken Sie über Ihre Absicht nach: Suchen Sie Informationen, Unterhaltung oder Kontakte? Was hoffen Sie zu erreichen? Ein klarer Zweck hilft Ihnen nicht nur dabei, die Technologie effizienter zu nutzen, sondern verhindert auch, dass Sie sich ziellos mit dem Bildschirm beschäftigen, nur um dann festzustellen, dass Stunden vergangen sind.

Das Gleichgewicht in der digitalen Welt wahren

Selbst wenn Grenzen bestehen, kann es eine Herausforderung sein, ein Gleichgewicht zwischen der digitalen Welt und unserem täglichen Leben zu finden. Die

Aufrechterhaltung dieses Gleichgewichts ist entscheidend für unser geistiges und emotionales Wohlbefinden sowie für die Qualität unserer Beziehungen.

Priorisieren Sie die persönliche Interaktion

Auch wenn es einfach erscheinen mag, legen Sie Wert darauf, wertvolle Zeit mit Familie und Freunden zu verbringen. Nehmen Sie an gemeinsamen Aktivitäten und Hobbys teil, ohne dass ständig Bildschirme vorhanden sind. Diese Praxis baut Verbindungen zu anderen auf und stärkt sie, fördert bedeutungsvolle Gespräche und trägt dazu bei, die Einsamkeit zu reduzieren, die mit einer übermäßigen Nutzung von Technologie einhergehen kann.

Nehmen Sie an bildschirmfreien Hobbys teil

Gönnen Sie sich die Möglichkeit, Aktivitäten und Hobbys nachzugehen, für die kein Bildschirm erforderlich ist. Das kann alles sein, vom Kochen, Malen, Schreiben, Lesen bis hin zum Praktizieren von Yoga. Indem Sie einen Teil der Bildschirmzeit durch bildschirmfreie Aktivitäten ersetzen, tragen Sie dazu bei, geistige Ermüdung zu reduzieren und vielfältigere Interessen zu entwickeln, um Kreativität und persönliches Wachstum zu fördern.

Durchbrechen Sie den Abhängigkeitskreislauf

Der Drang, nach digitalen Geräten zu greifen, kann von der sogenannten „Fear of Missing Out" (FOMO) herrühren, ebenso wie von den Dopaminstößen, die unser Gehirn erhält, wenn wir auf neue Informationen stoßen. Fordern Sie sich heraus, die Überprüfung Ihres Telefons auf Aktualisierungen und Benachrichtigungen hinauszuzögern – atmen Sie tief ein und ertragen Sie das Unbehagen. Allmählich werden Sie feststellen, dass diese Abhängigkeit nachlässt, wenn Sie achtsamer mit Ihren Geräten umgehen.

Selbstfürsorge und digitale Entgiftung

Für das geistige und emotionale Wohlbefinden sind häufige
Pausen von der Technik unerlässlich. Nehmen Sie sich Zeit
für eine digitale Entgiftung – sei es eine Stunde pro Tag, ein
ganzer Tag am Wochenende oder ein bestimmter Zeitraum
im Urlaub. Nutzen Sie diese Zeit, um neue Energie zu
tanken, nachzudenken, Selbstpflegepraktiken zu betreiben
und auf sinnvolle Weise mit Ihren Lieben in Kontakt zu
treten.

Die Entwicklung gesunder digitaler Gewohnheiten ist ein
Prozess, der Bewusstsein, Anstrengung und
Entschlossenheit erfordert. Denken Sie beim Setzen von
Grenzen und beim Streben nach Ausgeglichenheit daran,
sanft mit sich selbst umzugehen und zu verstehen, dass
positive Veränderungen Zeit brauchen. Auf diese Weise
schaffen Sie eine Grundlage, die es Ihnen ermöglicht, die
transformative Kraft der Technologie zu nutzen, ohne Ihr
Wohlbefinden oder Ihre Fähigkeit, ein achtsames,
vernetztes Leben zu führen, zu beeinträchtigen.

Grenzen für den digitalen Konsum setzen

Unser Alltag wird zunehmend von digitalen Geräten und
Online-Plattformen dominiert, so dass uns nur noch wenig
Zeit bleibt, gesunde Grenzen zu setzen und
aufrechtzuerhalten. Deshalb ist es wichtig, unseren
digitalen Konsum bewusst einzuschränken, sowohl um
unsere geistige Gesundheit zu erhalten als auch um einen
ausgewogenen Lebensstil aufrechtzuerhalten. Im
Folgenden finden Sie einige Strategien zum Setzen
angemessener Grenzen für eine gesündere digitale
Ernährung.

1. Verstehen und definieren Sie Ihre Werte

Nehmen Sie sich zunächst die Zeit, darüber nachzudenken, was in Ihrem persönlichen und beruflichen Leben wesentlich ist. Schreiben Sie Ihre Grundwerte auf und was Sie mit der Nutzung digitaler Geräte erreichen möchten. Wenn Sie sich Ihrer Werte bewusst sind und Ihre digitalen Gewohnheiten entsprechend ausrichten, ist es wahrscheinlicher, dass Sie unnötige digitale Exposition vermeiden und ein gesundes Gleichgewicht bewahren.

2. Setzen Sie sich konkrete Ziele und Grenzen

Erstellen Sie auf der Grundlage Ihrer Werte sinnvolle Ziele, um Ihren digitalen Konsum unter Kontrolle zu halten. Bestimmen Sie, wie viel Zeit Sie mit sozialen Medien, E-Mails und dem Surfen im Internet verbringen möchten. Setzen Sie konkrete Ziele wie „nicht mehr als 30 Minuten pro Tag in den sozialen Medien" oder „E-Mails nur zweimal am Tag abrufen", um sinnvolle Grenzen zu setzen.

3. Priorisieren Sie wichtige Aufgaben und Engagements

Um eine produktive Nutzung Ihrer digitalen Geräte sicherzustellen, identifizieren und priorisieren Sie die wichtigsten Aufgaben, die Ihre Aufmerksamkeit erfordern. Dieser Ansatz ermöglicht es Ihnen, Ihre Bildschirmzeit optimal zu nutzen und ermutigt Sie, sich an sinnvollen digitalen Aktivitäten zu beteiligen, die einem klaren Zweck dienen.

4. Trennen Sie häufig und regelmäßig den Netzstecker

Legen Sie tagsüber bestimmte Zeiten für digitale Pausen fest. Indem Sie regelmäßige, strukturierte Pausen von der

Technologie einbauen (z. B. während des Mittag- und Abendessens oder nach Abschluss einer festgelegten Arbeitsmenge), können Sie dazu beitragen, das Gefühl der digitalen Überforderung zu lindern und sich weiterhin auf den gegenwärtigen Moment zu konzentrieren.

5. Richten Sie gerätefreie Zonen und Zeiten ein

Identifizieren Sie Bereiche Ihres Zuhauses oder Arbeitsplatzes, in denen digitale Geräte nicht erlaubt sind, z. B. das Schlafzimmer, das Esszimmer oder Außenbereiche. Durch die Einrichtung gerätefreier Zonen und Zeiten tagsüber und abends werden Sie zu achtsameren und präsenteren Aktivitäten wie intensiven Gesprächen, Lesen oder Meditation ermutigt.

6. Planen Sie Zeiten der digitalen Trennung ein

Legen Sie jede Woche oder jeden Monat einen Zeitraum fest, in dem Sie sich bewusst von digitalen Geräten, Apps oder Plattformen distanzieren. Diese „digitale Entgiftung" ermöglicht es Ihnen, sich wieder mit sich selbst und Ihrer Umgebung zu verbinden und hilft Ihnen dabei, Achtsamkeit in Ihrem täglichen Leben zu üben.

7. Kommunizieren Sie Ihre Grenzen mit anderen

Um Ihre digitalen Grenzen erfolgreich zu etablieren und aufrechtzuerhalten, ist es entscheidend, diese Grenzen Ihren Mitmenschen, wie Freunden, Familie und Kollegen, mitzuteilen. Dadurch schaffen Sie gegenseitiges Verständnis und Verantwortung und unterstützen sich gegenseitig bei der Einhaltung gesünderer digitaler Gewohnheiten.

8. Verwenden Sie Tools, um Grenzen zu setzen

Erwägen Sie den Einsatz digitaler Tools, die dabei helfen sollen, gesunde Grenzen festzulegen und aufrechtzuerhalten. Beispiele hierfür sind Website-Blocker, Zeiterfassungs-Apps oder integrierte Funktionen auf Ihren Geräten, mit denen Sie Ihre Nutzung überwachen können. Diese Tools können als ständige Erinnerung an Ihre Ziele dienen und die Versuchung verringern, sich auf ungesunde digitale Gewohnheiten einzulassen.

9. Übe Selbstmitgefühl

Das Setzen und Aufrechterhalten digitaler Grenzen kann eine Herausforderung sein, und Sie halten sich möglicherweise nicht immer an Ihre eigenen Regeln. Es ist wichtig, Verständnis und Vergebung zu üben, wenn Sie einen Fehler machen. Akzeptieren Sie, dass Rückschläge Teil des Lernprozesses sind, und nutzen Sie diese Erfahrungen als Gelegenheit, Ihre digitalen Grenzen zu verfeinern und anzupassen.

10. Bewerten Sie Ihre Bedürfnisse und Fortschritte kontinuierlich neu

Bewerten Sie regelmäßig Ihre digitalen Gewohnheiten und Grenzen, um sicherzustellen, dass sie Ihren Bedürfnissen genau entsprechen und mit Ihren Werten übereinstimmen. Passen Sie Ihre Grenzen an, wenn Sie wachsen und sich verändern und wenn sich Ihr digitaler Konsum weiterentwickelt. Eine kontinuierliche Selbsteinschätzung ermöglicht es Ihnen, sich Ihrer Beziehung zur Technologie bewusst zu bleiben und so für Nachhaltigkeit und Ausgewogenheit in Ihrem digitalen Leben zu sorgen.

Um einen ausgewogenen digitalen Lebensstil zu erreichen, sind Absicht, Selbstreflexion und Beharrlichkeit erforderlich. Indem Sie durchdachte Grenzen setzen und sich weiterhin dafür einsetzen, diese einzuhalten, sind Sie besser gerüstet, um sich in der digitalen Welt zurechtzufinden und ein achtsameres, präsenteres und vernetzteres Leben zu fördern.

10. Nachhaltiges digitales Wohlbefinden erreichen: Eine Reise zu einem achtsamen Leben

10.1 Digital Wellness verstehen

Unter digitalem Wohlbefinden versteht man den optimalen Zustand des Wohlbefindens, den eine Person erreichen kann, indem sie ein gesundes Gleichgewicht zwischen der Nutzung von Technologie und anderen Aspekten ihres Lebens aufrechterhält. Da die Welt immer vernetzter wird, wird das Erreichen digitaler Wellness zu einem entscheidenden Aspekt der allgemeinen Gesundheit und des Wohlbefindens.

Der Weg zu nachhaltigem digitalem Wohlbefinden beginnt damit, zu verstehen, wie Technologie unser Leben beeinflusst, und ihre Vorteile sowie ihre potenziellen negativen Auswirkungen auf unsere geistige und körperliche Gesundheit anzuerkennen. Es ist wichtig, dass wir einen Schritt zurücktreten und unsere Beziehung zur Technologie bewerten und uns dabei nicht nur auf ihre Vorteile konzentrieren, sondern auch darüber nachdenken, wie sie Stress und Ängste verursachen oder unser Wachstum behindern können.

10.2 Achtsamkeit: Der Grundstein für digitales Wohlbefinden

Achtsamkeit ist die Praxis, dem gegenwärtigen Moment volle Aufmerksamkeit zu schenken und Gedanken, Gefühle und Empfindungen ohne Urteil zu beobachten. Es ist ein wirkungsvolles Werkzeug, das dabei hilft, das Gleichgewicht in unserem Leben wiederherzustellen, indem wir uns wieder mit uns selbst und unserer Umgebung verbinden. Die Entwicklung einer starken Achtsamkeitsbasis kann uns helfen, uns der Auswirkungen der Technologie auf unser Leben bewusster zu werden und fundierte Entscheidungen darüber zu treffen, wie wir sie nutzen.

Hier sind einige Strategien zur Kultivierung von Achtsamkeit in Ihrem täglichen Leben:

- **Meditation:** Regelmäßige Meditation hilft dabei, Ihren Geist zu trainieren, sich auf den gegenwärtigen Moment zu konzentrieren, was Ihr Bewusstsein für Ihre eigenen digitalen Gewohnheiten und deren Auswirkungen auf Ihr allgemeines Wohlbefinden verbessern kann.
- **Atemübungen:** Wenn Sie sich jeden Tag ein paar Minuten Zeit nehmen, um tiefes Atmen oder andere Entspannungstechniken zu üben, können Sie Ihre Fähigkeit verbessern, mit den Belastungen umzugehen, die mit der Nutzung von Technologie verbunden sind.
- **Outdoor-Aktivitäten:** Zeit in der Natur zu verbringen, fernab von Bildschirmen und Geräten, kann Ihnen dabei helfen, neue Energie zu tanken und neue Energie zu tanken, und bietet Ihnen gleichzeitig die Möglichkeit, sich wieder mit sich selbst zu verbinden.

10.3 Ein ausgeglichenes digitales Leben schaffen

Das Verständnis der Notwendigkeit von Achtsamkeit und digitalem Wohlbefinden ist nur der erste Schritt. Ebenso wichtig ist es, dieses Verständnis durch die Schaffung eines ausgewogenen digitalen Lebens in die Praxis umzusetzen. Hier sind einige Tipps, um Balance zu erreichen und digitales Wohlbefinden zu fördern:

- **Setzen Sie klare Grenzen:** Schaffen Sie Grenzen zwischen Ihrer Arbeit und Ihrem Privatleben, indem Sie beispielsweise bestimmte Zeiten für die Nutzung von E-Mails, sozialen Medien und anderen technischen Geräten festlegen. Vermeiden Sie die Verwendung von Geräten während der Mahlzeiten oder einige Stunden vor dem Schlafengehen.
- **Praktizieren Sie digitalen Minimalismus:** Erwägen Sie, die Anzahl der von Ihnen verwendeten Anwendungen und Geräte zu reduzieren, und konzentrieren Sie sich auf deren wesentliche Funktionen, um Ihren digitalen Raum aufzuräumen.
- **Priorisieren Sie menschliche Kontakte:** Bemühen Sie sich um persönliche Interaktionen, sei es durch Telefonanrufe oder persönliche Gespräche, anstatt sich ausschließlich auf SMS und soziale Medien zu verlassen.
- **Planen Sie technikfreie Zeiten ein:** Legen Sie bestimmte Zeiten im Laufe des Tages oder der Woche fest, zu denen Sie vollständig von der Technik abgekoppelt sind und in Ihrer Umgebung völlig präsent sein können.

10.4 Verbesserung der psychischen Gesundheit durch digitales Wohlbefinden

Der Weg zum digitalen Wohlbefinden umfasst auch die Förderung der psychischen Gesundheit, indem proaktiv gegen alle ungesunden digitalen Gewohnheiten vorgegangen wird, die Stress oder Ängste verursachen können. Hier sind einige Möglichkeiten, Ihre geistige Gesundheit im Rahmen Ihrer digitalen Wellness-Reise zu verbessern:

- **Entwickeln Sie eine gesunde Beziehung zu sozialen Medien:** Begrenzen Sie die Zeit, die Sie in sozialen Medien verbringen, und achten Sie darauf, wie sich diese auf Ihre Stimmung und Ihr Selbstwertgefühl auswirken. Konzentrieren Sie sich darauf, es zu nutzen, um wirklich mit anderen in Kontakt zu treten, und nicht als Werkzeug zum Vergleich oder zur Validierung.
- **Üben Sie Dankbarkeit:** Denken Sie regelmäßig über die positiven Aspekte Ihres Lebens nach, einschließlich der Art und Weise, wie die Technologie es positiv beeinflusst hat. Dankbarkeit kann Ihnen helfen, Ihren Fokus von potenziellen Stressfaktoren auf die Dinge zu verlagern, die Freude und Erfüllung bringen.
- **Suchen Sie bei Bedarf professionelle Hilfe auf:** Wenn Sie Probleme mit Ihrer Beziehung zur Technologie haben, ziehen Sie in Betracht, die Hilfe eines Fachmanns in Anspruch zu nehmen, beispielsweise eines Therapeuten oder Beraters, der auf digitales Wohlbefinden spezialisiert ist.

10.5 Eine Zukunft des kontinuierlichen Wachstums und Lernens annehmen

Das Erreichen eines nachhaltigen digitalen Wohlbefindens ist eine fortlaufende Reise, die ständige Reflexion und Anpassung erfordert. Seien Sie darauf vorbereitet, Ihre digitalen Gewohnheiten zu überdenken und bei Bedarf Änderungen vorzunehmen, da sich die Technologie ständig weiterentwickelt und unser Leben auf neue Weise beeinflusst.

Wenn Sie sich auf diese Reise des kontinuierlichen Wachstums einlassen, verbessern Sie nicht nur Ihr digitales Wohlbefinden, sondern fördern auch gesündere Beziehungen zu sich selbst und anderen und verbessern Ihr allgemeines Wohlbefinden und Ihre Lebensqualität erheblich. Engagieren Sie sich für die Kultivierung von Achtsamkeit und einem ausgeglichenen digitalen Leben und erleben Sie die bemerkenswerte positive Veränderung in der Art und Weise, wie Sie die Welt erleben.

10. Nachhaltiges digitales Wohlbefinden erreichen: Eine Reise zu einem achtsamen Leben

Um ein umfassendes digitales Wohlbefinden zu erreichen, ist es wichtig, sich nicht nur darauf zu konzentrieren, den Einfluss der Technologie auf unser tägliches Leben zu begrenzen, sondern sich auch bewusst darum zu bemühen, eine nachhaltige Grundlage zu schaffen, die Achtsamkeit und ein gesünderes Leben fördert. Hier erkunden wir verschiedene Schritte und Gewohnheiten, die wir in unsere Routinen integrieren können, um sicherzustellen, dass wir nicht nur eine vorübergehende digitale Entgiftung erreichen, sondern auch kontinuierlich ein langanhaltendes digitales Wohlbefinden aufrechterhalten.

10.1. Etablierung bewusster digitaler Gewohnheiten

Einer der wichtigsten Schritte zur Erreichung eines nachhaltigen digitalen Wohlbefindens besteht darin, den Zeit- und Arbeitsaufwand für digitale Geräte zu ermitteln und Gewohnheiten zu entwickeln, die die Kontrolle dieser Faktoren erleichtern. Einige Vorschläge zur Bildung bewusster digitaler Gewohnheiten sind:

- **Analoge Alternativen:** Ersetzen Sie digitale Aufgaben nach Möglichkeit durch einfache, analoge Versionen, z. B. die Verwendung eines herkömmlichen Weckers anstelle eines Telefonweckers oder das Lesen physischer Bücher anstelle von E-Books.
- **Geplante gerätefreie Zeit:** Legen Sie bestimmte Zeitfenster im Laufe des Tages fest, die für Aktivitäten ohne digitale Unterbrechungen reserviert sind, wie z. B. tägliche Trainingsroutinen, soziale Interaktionen oder ruhiges Nachdenken.
- **Achtsame Nutzung sozialer Medien:** Seien Sie wählerisch und bewusst bei der Wahl der sozialen Medienplattformen und beschränken Sie Follower oder Freundschaften auf hochwertige Verbindungen, die Ihrem emotionalen und mentalen Wohlbefinden zugute kommen.
- **Richten Sie Gerätezonen ein:** Legen Sie bestimmte Bereiche in Ihrem Zuhause oder Büro fest, in denen die Gerätenutzung eingeschränkt ist, z. B. das Schlafzimmer oder der Essbereich. Idealerweise sollten diese Bereiche zum Entspannen, Ausruhen oder für konzentrierte Gespräche einladen.

10.2. Achtsamkeit und Reflexion fördern

Die Kombination bewusster digitaler Gewohnheiten mit dem bewussten Bemühen, Achtsamkeit und Momente der Besinnung zu fördern, erweist sich als wirksamer Ansatz für nachhaltiges digitales Wohlbefinden. Einige Techniken zur Förderung der Achtsamkeit sind:

- **Meditation praktizieren:** Meditation ist ein wertvolles Werkzeug, um sich besser auf die emotionalen und mentalen Zustände der Menschen einzulassen und ein besseres Verständnis für persönliche Grenzen und Stressfaktoren im Zusammenhang mit dem digitalen Konsum zu fördern.
- **Atemübungen:** Einfache Atemübungen helfen dabei, den Geist im gegenwärtigen Moment zu erden, was zu einer besseren Stressbewältigung und einem geschärften Bewusstsein für die Notwendigkeit einer digitalen Entgiftung führt.
- **Journaling:** Gedanken zu Papier zu bringen ist eine hervorragende Möglichkeit, Emotionen zu verarbeiten, die Unordnung im Kopf zu beseitigen und eine gesündere Sicht auf die digitale Nutzung zu fördern.
- **Dankbarkeitsübungen:** Das Nachdenken über die positiven Aspekte des Lebens und den Reichtum zwischenmenschlicher Beziehungen trägt dazu bei, eine neue Wertschätzung für Erfahrungen und Verbindungen außerhalb der digitalen Sphäre zu fördern.

10.3. Förderung des körperlichen und emotionalen Wohlbefindens

Digitales Wohlbefinden hängt auch von einem ganzheitlichen Fokus auf die körperliche und emotionale Gesundheit ab. Einige Möglichkeiten, dies zu erreichen, sind:

- **Bewegung:** Integrieren Sie regelmäßige Bewegung in Ihren Tagesablauf und achten Sie darauf, dass dieser frei von digitalen Unterbrechungen ist. Körperliche Fitness trägt zu geistiger Klarheit und einem gesteigerten emotionalen Wohlbefinden bei.
- **Gesunde Ernährung:** Eine ausgewogene Ernährung wirkt sich erheblich auf die Stimmung und das Energieniveau aus und verringert die Abhängigkeit von digitalen Geräten als Trost- oder Reizquelle.
- **Guter Schlaf:** Priorisieren Sie einen ausreichenden Schlafplan und sorgen Sie für eine gerätefreie Schlafumgebung, um sowohl die geistige als auch die körperliche Gesundheit zu verbessern.
- **Persönliche Beziehungen pflegen:** Investieren Sie Zeit in die Pflege und den Ausbau sinnvoller Verbindungen mit Freunden, Familie und Gleichgesinnten und legen Sie dabei den Schwerpunkt auf persönliche Interaktion gegenüber digitaler Kommunikation.

Das Erreichen eines nachhaltigen digitalen Wohlbefindens ist ein fortlaufender Prozess, der konsequente Aufmerksamkeit und Absicht erfordert. Durch die Einführung achtsamer Gewohnheiten, regelmäßige Reflexion und die Konzentration auf das Wohlbefinden des gesamten Körpers können wir sinnvolle Schritte zu einem gesünderen Leben sowohl online als auch offline unternehmen.

10. Nachhaltiges digitales Wohlbefinden erreichen: Eine Reise zu einem achtsamen Leben

Unser modernes Leben ist eng mit der digitalen Technologie verbunden, und obwohl dies unzählige Annehmlichkeiten und Kreativität in unser Leben gebracht hat, hat es auch zu einem verstärkten Gefühl der Trennung von uns selbst und der Welt um uns herum geführt. In den letzten Jahren haben die Menschen begonnen, der Idee des „digitalen Wohlbefindens" mehr Aufmerksamkeit zu schenken, bei dem es sich um die Praxis handelt, ein gesundes Gleichgewicht zwischen unserer digitalen und der „realen" Welt aufrechtzuerhalten. Digital Wellness konzentriert sich auf die Förderung achtsamer Gewohnheiten, die Ihnen dabei helfen, geerdet zu bleiben, den Fokus zu bewahren und klare Grenzen zwischen sich selbst und der digitalen Welt zu setzen.

Nachhaltiges digitales Wohlbefinden zu erreichen ist eine kontinuierliche und bewusste Reise. Es geht darum, das Verständnis, das Selbstbewusstsein und die Disziplin zu entwickeln, die erforderlich sind, um angemessene Grenzen zu setzen und eine harmonische Beziehung zur Technologie zu pflegen. Diese Reise ist für jeden anders, da wir alle einzigartige Gewohnheiten, Vorlieben und Ziele haben, wenn es um unser digitales Leben geht. Die folgenden Strategien können Ihnen jedoch wertvolle Orientierung und Unterstützung auf Ihrem eigenen Weg zu digitalem Wohlbefinden und achtsamem Leben bieten.

1. Bewerten Sie Ihre digitalen Gewohnheiten

Bevor Sie Änderungen an Ihrem digitalen Leben vornehmen, ist es wichtig, sich ein klares Bild von Ihren aktuellen Gewohnheiten zu machen. Verbringen Sie eine Woche damit, zu verfolgen, wie Sie Ihre Geräte nutzen, einschließlich der Zeit, die Sie in sozialen Medien, Online-Spielen, Surfen im Internet und E-Mails verbringen. Bewerten Sie die Qualität Ihrer Interaktionen, Ihren Fokus während der Arbeit und sogar, wie sich Ihre digitalen Aktivitäten auf Ihre Stimmung auswirken.

Denken Sie am Ende dieser Zeit über Ihre Erkenntnisse nach. Welche Aktivitäten oder Plattformen rauben Ihnen Energie oder bereiten Ihnen Angst? Wie viel Zeit verbringen Sie mit Aktivitäten, die nicht Ihren Zielen entsprechen oder Ihrem Leben keinen Mehrwert verleihen? Nutzen Sie dieses Selbstbewusstsein, um konkrete, erreichbare Ziele für Ihre digitale Wellness-Reise zu schaffen.

2. Setzen Sie klare digitale Grenzen

Um digitales Wohlbefinden zu erreichen, ist es wichtig, klare Grenzen zu setzen, die mit Ihren persönlichen und beruflichen Zielen übereinstimmen. Erstellen Sie einen Technologieplan, der festgelegte Zeiten für die Nutzung von Geräten und Zeiten enthält, zu denen Sie vollständig vom Stromnetz getrennt sind.

Sie könnten beispielsweise die erste Stunde nach dem Aufwachen und die letzte Stunde vor dem Schlafengehen als „digitalfreie" Zeiten festlegen, um eine gesündere Morgenroutine und einen ruhigeren Schlaf in der Nacht zu fördern. Legen Sie auch Grenzen für Ihr Arbeitsleben fest, indem Sie beispielsweise bestimmte Stunden für die Beantwortung von E-Mails einplanen, Pausen für geistige Klarheit einlegen und sich jeden Tag zu einer festen Zeit abmelden, um die Work-Life-Balance aufrechtzuerhalten.

3. Priorisieren Sie sinnvolle Verbindungen

Betrachten Sie Technologie nicht als etwas, das uns trennt, sondern als Werkzeug, um die Beziehungen zu pflegen, die wirklich wichtig sind. Bemühen Sie sich bewusst, mit

Menschen zu kommunizieren, die Sie inspirieren, unterstützen und herausfordern.

Integrieren Sie Videoanrufe und Sprachnachrichten in Ihre Routine, um tiefere Verbindungen aufrechtzuerhalten, da diese Methoden ein persönlicheres Erlebnis schaffen als Textnachrichten. Bereichern Sie Ihre Beziehungen weiter, indem Sie nach Gelegenheiten für persönliche Interaktionen suchen, z. B. sich mit Freunden treffen, Selbsthilfegruppen besuchen oder an Gemeinschaftsveranstaltungen teilnehmen.

4. Optimieren Sie Ihre digitale Umgebung

Eine überladene digitale Umgebung kann zu Überforderungsgefühlen führen und den Stresspegel erhöhen. Räumen Sie Ihre Geräte regelmäßig auf, indem Sie alte Dokumente, Lesezeichen, Apps und ungelesene E-Mails organisieren und entfernen.

Eine saubere digitale Umgebung kann auch zu einem positiveren Online-Erlebnis führen. Achten Sie auf die Inhalte, die Sie konsumieren, und auf die Personen oder Organisationen, denen Sie folgen. Abonnieren Sie alle Quellen, die Ihnen nicht mehr dienen, oder folgen Sie ihnen nicht mehr. Suchen Sie aktiv nach Inhalten, die Ihren Werten, Interessen und Zielen entsprechen.

5. Umfassen Sie Achtsamkeit und Präsenz

Achtsamkeit ist die Praxis, bewusst im Augenblick präsent zu sein und kann ein wertvolles Instrument zur Verbesserung des digitalen Wohlbefindens sein. Eine praktische Möglichkeit, Achtsamkeit in Ihrem digitalen Leben zu verkörpern, besteht darin, innezuhalten und nachzudenken, bevor Sie Ihre Geräte verwenden, und dabei Ihre Absichten und gewünschten Ergebnisse zu berücksichtigen. Müssen Sie Ihr Gerät wirklich nutzen oder suchen Sie einfach nur eine vorübergehende Ablenkung?

Ein weiterer Ansatz zur Achtsamkeit besteht darin, sich wirklich mit den digitalen Inhalten auseinanderzusetzen, die Sie konsumieren. Anstatt beispielsweise passiv durch soziale Medien zu scrollen, nehmen Sie aktiv an der Online-Community teil, indem Sie Ihre Gedanken teilen, Beiträge kommentieren und Ihre Unterstützung für sinnvolle Inhalte zeigen.

6. Entwickeln Sie alternative Hobbys und Selbstpflegepraktiken

Die Förderung von Interessen außerhalb der digitalen Welt kann dazu beitragen, den Teufelskreis der Abhängigkeit von Technologie zu durchbrechen. Verpflichten Sie sich zu Hobbys, die körperliche Aktivität, Kreativität, Selbstreflexion oder soziale Interaktion fördern, wie z. B. Gartenarbeit, Yoga, Tagebuch schreiben oder die Teilnahme an Workshops.

Integrieren Sie Selbstfürsorgepraktiken in Ihren Alltag und nehmen Sie sich bewusst Zeit für sich selbst. Priorisieren Sie Aktivitäten, die Ihren Körper, Geist und Seele nähren, sei es ein Aufenthalt in der Natur, die Teilnahme an einem Meditationskurs oder einfach ein entspannendes Bad.

7. Seien Sie geduldig und mitfühlend mit sich selbst

Wie jede wesentliche Veränderung oder jedes Wachstum erfordert die Erreichung eines nachhaltigen digitalen Wohlbefindens Zeit, Geduld und Engagement. Es ist wichtig, sich daran zu erinnern, dass Fortschritte nicht immer linear verlaufen und Rückschläge eine Gelegenheit zum Lernen und zur Neukalibrierung Ihres Ansatzes bieten.

Gehen Sie Ihre digitale Wellness-Reise mit Freundlichkeit und Selbstmitgefühl an, feiern Sie kleine Erfolge und erinnern Sie sich an das größere Ziel – ein harmonisches, ausgeglichenes Leben, das Ihre Beziehung zur Technologie optimiert und Ihr allgemeines Wohlbefinden unterstützt.

Zusammenfassend lässt sich sagen, dass das Erreichen eines nachhaltigen digitalen Wohlbefindens eine lebensverbessernde Reise ist, die auf Selbsterkenntnis, bewusster Entscheidungsfindung und Engagement für persönliches Wachstum basiert. Durch die Pflege achtsamer Gewohnheiten und die Suche nach Ausgeglichenheit in unserem digitalen Leben sind wir besser gerüstet, um in einer zunehmend vernetzten Welt erfolgreich zu sein, ohne das Wesentliche aus den Augen zu verlieren: unser geistiges und emotionales Wohlbefinden, sinnvolle Verbindungen und ein Leben im gegenwärtigen Moment.

Nachhaltiges digitales Wohlbefinden erreichen: Eine Reise zu einem achtsamen Leben

In der heutigen Welt ist unser Leben stark mit Technologie verwoben und die Aufrechterhaltung eines gesunden digitalen Gleichgewichts ist für unser allgemeines Wohlbefinden von entscheidender Bedeutung. Unter Digital Wellness versteht man den Zustand des körperlichen, geistigen und sozialen Wohlbefindens in einer digitalen Welt. In diesem Abschnitt beleuchten wir den Weg zu nachhaltigem digitalem Wohlbefinden und wie es zu einem achtsamen und ganzheitlichen Lebensstil beiträgt.

Digitales Wohlbefinden verstehen

Bevor wir uns auf den Weg zum digitalen Wohlbefinden machen, müssen wir das Konzept und seine Bedeutung für unser Leben verstehen.

Digitales Wohlbefinden bedeutet keine Entbehrung : Es ist wichtig zu erkennen, dass es beim digitalen Wohlbefinden um das Erreichen eines Gleichgewichts und nicht um den völligen Verzicht auf Technologie geht. Die Idee besteht darin, Technologie auf eine Weise zu nutzen, die unser Leben verbessert, ohne Schaden anzurichten oder unser Leben in einem ungesunden Ausmaß zu dominieren.

Körperliches, geistiges und emotionales Wohlbefinden : Digitales Wohlbefinden umfasst alle Aspekte unseres Wohlbefindens. Es ist wichtig sicherzustellen, dass sich unsere Zeit vor dem Bildschirm und die Nutzung von Technologie nicht negativ auf unsere körperliche Gesundheit, geistige Klarheit und unser emotionales Gleichgewicht auswirken.

Schritte zum digitalen Wohlbefinden

Im Folgenden sind einige der wesentlichen Schritte aufgeführt, die Ihnen dabei helfen können, digitales Wohlbefinden in Ihrem Leben zu erreichen:

1. Bewusstsein und Selbstreflexion : Beginnen Sie damit, Ihre aktuellen digitalen Gewohnheiten zu identifizieren und anzuerkennen, und seien Sie ehrlich zu sich selbst, wie sich diese auf verschiedene Aspekte Ihres Lebens auswirken können. Durch Selbstbeobachtung können Sie Bereiche identifizieren, in denen Sie Verbesserungen vornehmen oder Ihre digitale Nutzung einschränken müssen.

2. Setzen Sie klare Grenzen : Legen Sie Grenzen für den Einsatz Ihrer Technologie fest. Dies kann in Form von täglichen Zeitlimits für den Bildschirm oder in Form spezifischer Regeln geschehen, wie z. B. der Verzicht auf die Nutzung mobiler Geräte während der Mahlzeiten oder vor dem Schlafengehen.

3. Kultivieren Sie Achtsamkeit und Präsenz : Das Üben von Achtsamkeit ist entscheidend, um digitales Wohlbefinden zu erreichen. Dazu gehört, sich seiner Gedanken und Handlungen bewusst zu sein, sich auf den gegenwärtigen Moment zu konzentrieren und übermäßiges Multitasking zu vermeiden. Achtsamkeitstechniken wie Meditation oder Atemarbeit können Ihnen helfen, im digitalen Chaos auf dem Boden zu bleiben.

4. Geben Sie Qualität Vorrang vor Quantität : Seien Sie wählerisch bei den Inhalten, die Sie konsumieren, und bei der Zeit, die Sie online verbringen. Geben Sie sinnvollen Verbindungen, wertvollen Informationen und bereichernden Erlebnissen Vorrang vor sinnlosem Scrollen.

5. Regelmäßige digitale Entgiftung : Eine Auszeit vom Bildschirm hilft dabei, sich von den Fesseln der digitalen Sucht zu befreien, und hilft auch dabei, wertvolle Zeit mit Familie und Freunden zu priorisieren. Integrieren Sie digitale Entgiftungen in Ihre Routine, angefangen von täglichen bildschirmfreien Stunden bis hin zu digitalen Entgiftungen am Wochenende oder sogar einwöchigen Pausen.

6. Suchen Sie professionelle Hilfe : Wenn Sie Schwierigkeiten haben, digitales Wohlbefinden zu erreichen und das Gleichgewicht in Ihrem Leben aufrechtzuerhalten, sollten Sie die professionelle Beratung durch einen Therapeuten oder Coach in Betracht ziehen, der auf digitale Sucht oder psychische Gesundheit spezialisiert ist.

Achtsames Leben durch digitales Wohlbefinden erreichen

Indem Sie digitale Wellness-Praktiken in Ihr Leben integrieren, ebnen Sie den Weg für ein achtsames Leben, bei dem Sie die Vorteile der Technologie genießen können, ohne sich selbst oder den Menschen um Sie herum Schaden zuzufügen. Zu den positiven Ergebnissen der Einführung von Digital Wellness gehören:

Erhöhte Selbstwahrnehmung : Die Reflexion unserer digitalen Gewohnheiten und die bewusste Ausübung von Moderation führen zu einer gesteigerten Selbstwahrnehmung, die sich unweigerlich auf andere Bereiche unseres Lebens ausdehnt.

Stärkere persönliche Beziehungen : Wenn Sie weniger Zeit vor dem Bildschirm verbringen, schaffen Sie letztendlich mehr Raum für wertvolle Zeit mit Freunden und Familie, stärken Ihre Beziehungen und vertiefen Ihre Verbindungen zu den Menschen, die Ihnen am wichtigsten sind.

Verbesserte psychische Gesundheit : Übermäßige Bildschirmzeit ist mit erhöhtem Stress, Angstzuständen, Depressionen und Schlafstörungen verbunden. Durch die Ausübung von Digital Wellness können Sie eine verbesserte geistige Gesundheit, emotionale Stabilität und ein besseres Wohlbefinden erfahren.

Verbesserte körperliche Gesundheit : Wenn Sie die Zeit vor dem Bildschirm verkürzen und sich für digitales Wohlbefinden einsetzen, finden Sie Zeit und Energie, die Sie in körperliche Aktivitäten und Bewegung investieren können, was insgesamt zu einer besseren Gesundheit führt.

Höhere Produktivität : Durch die bewusste Begrenzung technologiebedingter Ablenkungen werden Sie wahrscheinlich eine höhere Konzentration und Produktivität bei Ihrer Arbeit und Ihren täglichen Aktivitäten erleben. Achtsames Leben hilft Ihnen, organisiert zu bleiben, Aufgaben zu priorisieren und Ihre Ziele im Auge zu behalten.

Bessere Ruhe und besserer Schlaf : Das Befolgen digitaler Wellness-Prinzipien, wie das Vermeiden von Bildschirmen vor dem Schlafengehen und das Anwenden von Entspannungstechniken, führt zu einer besseren Schlafqualität und sorgt dafür, dass Sie jeden Morgen erfrischt und verjüngt sind.

Nachhaltiges digitales Wohlbefinden zu erreichen ist eine kontinuierliche Reise der Selbstreflexion, Disziplin und achtsamer Praxis. Es ist vielleicht nicht einfach oder augenblicklich, aber mit konsequenter Anstrengung und Entschlossenheit ist es mit Sicherheit erreichbar. Denken Sie daran, dass der Weg zu einem achtsamen Leben mit Herausforderungen verbunden sein kann, aber die Belohnung die Mühe wert ist. Begeben Sie sich also auf den Weg zu einer ausgewogenen Beziehung zur Technologie und schaffen Sie ein ganzheitliches und erfülltes Leben für sich und Ihre Mitmenschen.

10. Nachhaltiges digitales Wohlbefinden erreichen: Eine Reise zu einem achtsamen Leben

In der heutigen schnelllebigen digitalen Welt gerät man leicht in den Wirbelsturm der Technologie und des nicht enden wollenden Informationsstroms. Social-Media-Plattformen, E-Mails, Textnachrichten, Videospiele und Apps kämpfen alle um unsere Aufmerksamkeit und Zeit, sodass wir weniger Energie haben, uns sinnvollen Aktivitäten zu widmen oder auch nur einen Moment der Ruhe zu finden. Dieser ständige Kontakt mit digitalen Reizen kann Stress und Ängste hervorrufen und zu chronischer Unzufriedenheit führen. Daher ist die Erreichung eines nachhaltigen digitalen Wohlbefindens und eines achtsamen Lebens eine Herausforderung, die unsere ständige Aufmerksamkeit und bewusste Anstrengung erfordert. In diesem Abschnitt besprechen wir Möglichkeiten, eine gesunde Beziehung zu unseren digitalen Geräten aufzubauen, ohne zum Idioten zu werden.

A. Absichtliche Ziele setzen

Beginnen Sie Ihre Reise in Richtung digitales Wohlbefinden, indem Sie Absichten für Ihre digitalen Interaktionen festlegen. Erkennen Sie die Aktivitäten, die einen Mehrwert bieten, und diejenigen, die lediglich Ablenkungen darstellen. Skizzieren Sie einen Aktionsplan, wie Sie jedes Gerät nutzen möchten: sei es für die Arbeit, die Kommunikation oder die Unterhaltung, und planen Sie ausgewogen und diszipliniert Zeit für Ihr digitales Leben ein. Achtsamkeit erfordert Selbstfindung. Erkennen Sie also Ihre persönlichen Tendenzen und Auslöser, um fundierte

Entscheidungen zu treffen und letztendlich das zu priorisieren, was für Sie am wichtigsten ist.

B. Den digitalen Minimalismus und den achtsamen Konsum annehmen

Digitaler Minimalismus ist eine Philosophie, die sich dafür einsetzt, Ihre Gefährdung durch unnötige digitale Aktivitäten zu minimieren und sich auf die wesentlichen Aspekte Ihrer Technologienutzung zu konzentrieren. Auf diese Weise können Sie die Vorteile der Technologie genießen, ohne von ihr überwältigt zu werden. Um dies zu erreichen, räumen Sie zunächst Ihre digitalen Domains auf, indem Sie unnötige Newsletter abbestellen, unwichtigen Konten entfolgen und überflüssige Apps löschen. Treffen Sie dann bewusste Entscheidungen darüber, wie viele Inhalte Sie konsumieren, und beschränken Sie Ihren Kontakt auf das, was Ihrem Leben einen echten Mehrwert verleiht.

C. Achtsame Kommunikation

Überdenken Sie Ihre Kommunikationsgewohnheiten und entwickeln Sie achtsame Wege, mit Freunden und Familie in Kontakt zu treten. Anstatt ständig nach neuen Nachrichten zu suchen und sich mit „Likes" und „Kommentaren" zu beschäftigen, richten Sie den ganzen Tag über bestimmte Kommunikationsfenster ein. Üben Sie beim Beantworten von Nachrichten aktives Zuhören und reagieren Sie nachdenklich statt impulsiv. Denken Sie daran, dass persönliche Gespräche unendlich wertvoller sind als virtuelle. Geben Sie daher persönlichen Interaktionen nach Möglichkeit den Vorrang.

D. Planung digitaler Entgiftungen

Machen Sie regelmäßig kurze digitale Entgiftungskuren, um eine Pause von der ständigen Bildschirmbelastung zu bekommen. Sie können damit beginnen, bestimmte Zeiten am Tag festzulegen, zu denen Sie sich von der Technologie fernhalten, beispielsweise während der Mahlzeiten oder eine Stunde vor dem Schlafengehen. Versuchen Sie nach und nach, diese digitalen Entgiftungsphasen auszudehnen und längere Pausen wie Wochenenden oder Urlaube einzuplanen. Dadurch können Sie sich voll und ganz auf sinnvolle Aktivitäten konzentrieren und die Ruhe zurückgewinnen, die mit der Anwesenheit im Augenblick einhergeht.

E. Schaffung einer gesünderen häuslichen Umgebung

Ändern Sie Ihre physische Umgebung, um Ihre digitalen Wellnessziele zu unterstützen. Halten Sie Technik aus dem Schlafzimmer fern und schaffen Sie einen eigenen Arbeitsbereich, um Arbeit und Entspannung zu trennen. Schaffen Sie Räume für friedliche Aktivitäten wie Lesen, Tagebuch schreiben oder Meditation. Legen Sie Gemeinschaftsräume in Ihrem Zuhause fest, in denen digitale Geräte nur begrenzt oder nicht erlaubt sind, und fördern Sie so wertvolle Zeit für Kontakte und Interaktion mit Ihrer Familie.

F. Priorisierung von Wellness-Aktivitäten

Stellen Sie sicher, dass Ihre digitale Wellness-Reise Ihr persönliches Wohlbefinden nicht außer Acht lässt. Pflegen Sie Ihren Körper, Geist und Seele durch Aktivitäten wie Bewegung, gesunde Ernährung und regelmäßige Schlafgewohnheiten. Nehmen Sie sich Zeit für die Pflege von Hobbys, sozialen Kontakten und Selbstpflegeritualen, die Ihnen helfen, neue Kraft zu tanken und sich wieder mit sich selbst zu verbinden.

G. Dankbarkeit und Reflexion kultivieren

Ein wirksames Werkzeug zum Aufbau von Achtsamkeit ist die Praxis der Dankbarkeit – sie gibt uns eine Perspektive und verankert uns in der Gegenwart. Nehmen Sie sich jeden Tag ein paar Minuten Zeit, um über die positiven Aspekte Ihres Lebens, die Menschen, die Sie schätzen, und die Möglichkeiten, die Ihnen geboten wurden, nachzudenken. Wenn Sie über diese guten Dinge nachdenken und sie wertschätzen, werden Sie unweigerlich präsenter in Ihrem Leben und können Momente erkennen, in denen die Technologie möglicherweise Ihr Wohlbefinden beeinträchtigt.

H. Kontinuierliches Lernen und Anpassung

Um einen nachhaltigen digitalen Wellness-Lebensstil zu erreichen, sind kontinuierliche Selbsterkenntnis, Lernen und Anpassung erforderlich. Bleiben Sie offen für neue Informationen, Perspektiven und Strategien und seien Sie bereit, Ihr Verhalten zu ändern, wenn sich neue Herausforderungen oder Chancen ergeben. Denken Sie daran, dass es keinen einheitlichen Ansatz gibt und dass das, was für andere funktioniert, möglicherweise nicht für Sie funktioniert. Seien Sie also geduldig mit sich selbst und verfeinern Sie Ihre digitalen Gewohnheiten weiter.

Schritte in Richtung digitales Wohlbefinden und achtsames Leben erfordern bewusste Anstrengung, Zeit und regelmäßige Reflexion. Durch die Umsetzung der in diesem Abschnitt beschriebenen Strategien können Sie nicht nur den mit der Technologie verbundenen Stress und die Angst reduzieren, sondern auch den gegenwärtigen

Moment vollständig erleben und so ein ausgeglicheneres und erfüllteres Leben führen. Üben Sie sich während Ihrer digitalen Entgiftungsreise in Selbstmitgefühl und denken Sie daran, dass Rückschläge eine Chance zum Lernen und Wachsen sind. Nehmen Sie diese neue Lebensweise an und entdecken Sie die Schönheit, sich wieder mit sich selbst und Ihren Mitmenschen zu verbinden.

Haftungsausschluss für Urheberrechte und Inhalte:

Haftungsausschluss für KI-gestützte Inhalte:
Der Inhalt dieses Buches wurde mit Hilfe von Sprachmodellen der künstlichen Intelligenz (KI) wie CHatGPT und Llama generiert. Obwohl Anstrengungen unternommen wurden, um die Richtigkeit und Relevanz der bereitgestellten Informationen sicherzustellen, geben Autor und Herausgeber keine Gewährleistungen oder Garantien hinsichtlich der Vollständigkeit, Zuverlässigkeit oder Eignung des Inhalts für einen bestimmten Zweck. Die von der KI generierten Inhalte können Fehler, Ungenauigkeiten oder veraltete Informationen enthalten, und Leser sollten Vorsicht walten lassen und alle Informationen unabhängig überprüfen, bevor sie sich darauf verlassen. Der Autor und Herausgeber übernimmt keine Verantwortung für etwaige Folgen, die sich aus der Nutzung oder dem Vertrauen auf die KI-generierten Inhalte in diesem Buch ergeben.

Allgemeiner Haftungsausschluss:
Für die Erstellung dieses Buches verwenden wir Tools zur Inhaltsgenerierung und beziehen einen großen Teil des Materials aus Tools zur Textgenerierung. Wir stellen Finanzmaterial und Daten über unsere Dienste zur Verfügung. Um dies zu erreichen, greifen wir auf eine Vielzahl von Quellen zurück, um diese Informationen zu sammeln. Wir glauben, dass es sich dabei um zuverlässige, glaubwürdige und genaue Quellen handelt. Es kann jedoch vorkommen, dass die Informationen falsch sind.
WIR MACHEN KEINEN ANSPRUCH ODER ZUSICHERUNGEN HINSICHTLICH DER RICHTIGKEIT, VOLLSTÄNDIGKEIT ODER WAHRHEIT DER IN UNSEREM Buch ENTHALTENEN MATERIALIEN. Wir haften auch nicht für etwaige Fehler,

Ungenauigkeiten oder Auslassungen und schließen ausdrücklich jegliche stillschweigende Gewährleistung der Marktgängigkeit oder der Eignung für einen bestimmten Zweck aus. Wir haften in keinem Fall für entgangenen Gewinn oder andere kommerzielle Schäden oder Sachschäden, einschließlich, aber nicht beschränkt auf AUF BESONDERE, ZUFÄLLIGE, FOLGESCHÄDEN ODER ANDERE SCHÄDEN; ODER FÜR VERZÖGERUNGEN BEIM INHALT ODER DER ÜBERTRAGUNG DER DATEN IN UNSEREM BUCH ODER DASS DAS BUCH IMMER VERFÜGBAR IST.

Darüber hinaus ist es wichtig zu beachten, dass Sprachmodelle wie ChatGPT auf Deep-Learning-Techniken basieren und auf riesigen Textdatenmengen trainiert wurden, um menschenähnlichen Text zu generieren. Diese Textdaten umfassen eine Vielzahl von Quellen wie Bücher, Artikel, Websites und vieles mehr. Dieser Trainingsprozess ermöglicht es dem Modell, Muster und Beziehungen innerhalb des Textes zu lernen und kohärente und kontextbezogene Ausgaben zu generieren.

Sprachmodelle wie ChatGPT können in einer Vielzahl von Anwendungen verwendet werden, einschließlich, aber nicht beschränkt auf, Kundenservice, Inhaltserstellung und Sprachübersetzung. Im Kundenservice beispielsweise können Sprachmodelle eingesetzt werden, um Kundenanfragen schnell und präzise zu beantworten, wodurch menschliche Agenten für die Bearbeitung komplexerer Aufgaben entlastet werden. Bei der Inhaltserstellung können Sprachmodelle zum Generieren von Artikeln, Zusammenfassungen und Bildunterschriften verwendet werden, was den Erstellern von Inhalten Zeit und Aufwand spart. Bei der Sprachübersetzung können Sprachmodelle dabei helfen, Texte mit hoher Genauigkeit von einer Sprache in eine andere zu übersetzen und so dabei helfen, Sprachbarrieren abzubauen.

Es ist jedoch wichtig zu bedenken, dass Sprachmodelle zwar große Fortschritte bei der Generierung menschenähnlicher Texte gemacht haben, sie jedoch nicht perfekt sind. Das Verständnis des Modells für den Kontext und die Bedeutung des Textes unterliegt immer noch Einschränkungen und kann zu falschen oder anstößigen Ergebnissen führen. Daher ist es wichtig, Sprachmodelle mit Vorsicht zu verwenden und stets die Genauigkeit der vom Modell generierten Ausgaben zu überprüfen.

Finanzielle Haftungsausschluss

Dieses Buch soll Ihnen helfen, die Welt des Online-Investierens zu verstehen, Ihre Ängste vor dem Einstieg zu beseitigen und Ihnen bei der Auswahl guter Investitionen zu helfen. Unser Ziel ist es, Ihnen dabei zu helfen, die Kontrolle über Ihr finanzielles Wohlergehen zu übernehmen, indem wir Ihnen eine solide Finanzausbildung und verantwortungsvolle Anlagestrategien bieten. Die in diesem Buch und in unseren Diensten enthaltenen Informationen dienen jedoch nur der allgemeinen Information und Bildungszwecken. Es ist nicht als Ersatz für eine rechtliche, kommerzielle und/oder finanzielle Beratung durch einen zugelassenen Fachmann gedacht. Das Geschäft mit Online-Investitionen ist eine komplizierte Angelegenheit, die für den Erfolg jeder Investition eine sorgfältige finanzielle Due Diligence erfordert. Es wird Ihnen dringend empfohlen, die Dienste qualifizierter und kompetenter Fachleute in Anspruch zu nehmen, bevor Sie eine Investition tätigen, die sich auf Ihre Finanzen auswirken könnte. Diese Informationen werden in diesem Buch bereitgestellt, einschließlich der Art und Weise, wie es erstellt wurde, und werden zusammenfassend als „Dienste" bezeichnet.

Seien Sie vorsichtig mit Ihrem Geld. Verwenden Sie nur Strategien, bei denen Sie beide die potenziellen Risiken verstehen und mit denen Sie sich wohlfühlen. Es liegt in Ihrer Verantwortung, klug zu investieren und Ihre persönlichen und finanziellen Daten zu schützen.

Wir glauben, dass wir eine großartige Gemeinschaft von Anlegern haben, die durch Investitionen finanziellen Erfolg erzielen und sich gegenseitig dabei helfen möchten. Dementsprechend ermutigen wir die Leute, in unserem Blog und möglicherweise in Zukunft auch in unserem Forum Kommentare abzugeben. Viele Menschen werden zu diesem Thema beitragen, es wird jedoch Zeiten geben, in denen Menschen unbeabsichtigt oder unabsichtlich irreführende, täuschende oder falsche Informationen bereitstellen.

Sie sollten sich NIEMALS auf Informationen oder Meinungen verlassen, die Sie zu diesem Buch oder einem Buch, auf das wir verlinken, lesen. Die Informationen, die Sie hier und in unseren Dienstleistungen lesen, sollten als Ausgangspunkt für Ihre EIGENE RECHERCHE zu verschiedenen Unternehmen und Anlagestrategien dienen, damit Sie eine fundierte Entscheidung darüber treffen können, wo und wie Sie Ihr Geld investieren.

WIR GARANTIEREN NICHT DIE RICHTIGKEIT, ZUVERLÄSSIGKEIT ODER VOLLSTÄNDIGKEIT DER IN DEN KOMMENTAREN, IM FORUM ODER IN ANDEREN ÖFFENTLICHEN BEREICHEN DES BUCHS ODER IN EINEM IN UNSEREM BUCH ERSCHEINENDEN HYPERLINK BEREITGESTELLTEN INFORMATIONEN.

Unsere Dienstleistungen sollen Ihnen dabei helfen, zu verstehen, wie Sie für sich selbst gute Investitions- und persönliche Finanzentscheidungen treffen können. Sie tragen die alleinige Verantwortung für die von Ihnen getroffenen Anlageentscheidungen. Wir übernehmen keine Verantwortung für Fehler oder Auslassungen im Buch, auch nicht in Artikeln oder Beiträgen, für in Nachrichten eingebettete Hyperlinks oder für Ergebnisse, die sich aus der Verwendung solcher Informationen ergeben. Wir haften auch nicht für Verluste oder Schäden, einschließlich etwaiger Folgeschäden, die dadurch entstehen, dass sich ein Leser auf Informationen verlässt, die er durch die Nutzung unserer Dienste erhält. Bitte nutzen Sie unser Buch nicht, wenn Sie keine Selbstverantwortung für Ihr Handeln übernehmen.

Die US-Börsenaufsicht SEC (Securities and Exchange Commission) hat zusätzliche Informationen zum Thema Cyberbetrug veröffentlicht, die Ihnen helfen sollen, ihn zu erkennen und wirksam zu bekämpfen. Weitere Hilfe zu Online-Investitionsprogrammen und deren Vermeidung erhalten Sie auch in den folgenden Büchern: http://www.sec.gov und http://www.finra.org sowie http://www.nasaa.org Hierbei handelt es sich jeweils um Organisationen, die zum Schutz von Online-Investoren gegründet wurden.

Wenn Sie unsere Ratschläge ignorieren und keine unabhängige Recherche zu den verschiedenen Branchen, Unternehmen und Aktien durchführen, beabsichtigen Sie, in Informationen, „Tipps" oder Meinungen aus unserem Buch zu investieren und sich ausschließlich auf diese zu verlassen – Sie stimmen zu, dass Sie dies getan haben Sie treffen eine bewusste, persönliche Entscheidung aus Ihrem eigenen freien Willen und werden unter keinen Umständen versuchen, uns für die daraus resultierenden Ergebnisse verantwortlich zu machen. Die hier angebotenen Dienstleistungen dienen nicht dazu, als Ihr persönlicher Anlageberater zu fungieren. Wir kennen nicht alle relevanten Fakten über Sie und/oder Ihre individuellen Bedürfnisse und wir behaupten nicht, dass unsere Dienste für Ihre Bedürfnisse geeignet sind. Wenn Sie eine persönliche Beratung wünschen, sollten Sie einen registrierten Anlageberater aufsuchen.

Links zu anderen Websites. Von Zeit zu Zeit können Sie über unsere Website auch auf andere Bücher verlinken. Wir haben keine Kontrolle über den Inhalt oder die Handlungen der Bücher, auf die wir verlinken, und haften nicht für alles, was im Zusammenhang mit der Nutzung dieser Bücher geschieht. Die Aufnahme von Links sollte, sofern nicht ausdrücklich anders angegeben, nicht als Befürwortung oder Empfehlung dieses Buches oder der darin geäußerten Ansichten angesehen werden. Sie, und nur Sie, sind dafür verantwortlich, jedes Buch sorgfältig zu prüfen, bevor Sie Geschäfte mit ihnen tätigen.

Haftungsausschlüsse und -beschränkungen: Unter keinen Umständen, einschließlich, aber nicht beschränkt auf Fahrlässigkeit, können wir oder unsere Partner (sofern vorhanden) oder eines unserer verbundenen Unternehmen direkt oder indirekt für Verluste oder Schäden jeglicher Art verantwortlich oder haftbar gemacht werden von oder im Zusammenhang mit der Nutzung unserer Dienste, einschließlich, aber nicht beschränkt auf direkte, indirekte, Folgeschäden, unerwartete, besondere, exemplarische oder andere Schäden, die daraus resultieren können, einschließlich, aber nicht beschränkt auf wirtschaftliche Verluste, Verletzungen, Krankheit oder Tod oder ähnliches andere Arten von Verlusten oder Schäden oder unerwartete oder negative Reaktionen auf hierin enthaltene Vorschläge oder auf andere Weise, die Ihnen im Zusammenhang mit Ihrer Nutzung von Ratschlägen, Waren oder Dienstleistungen, die Sie auf der Website erhalten, unabhängig von der Quelle verursacht oder angeblich entstanden sind, oder jedes andere Buch, das Sie möglicherweise über Links von unserem Buch aus besucht haben, auch wenn Sie auf die Möglichkeit solcher Schäden hingewiesen wurden.

Das geltende Recht erlaubt möglicherweise keine Beschränkung oder einen Ausschluss der Haftung oder von Neben- oder Folgeschäden (einschließlich, aber nicht beschränkt auf verlorene Daten), sodass die oben genannte Einschränkung oder der Ausschluss möglicherweise nicht auf Sie zutrifft. Allerdings übersteigt die Gesamthaftung von uns Ihnen gegenüber für alle Schäden, Verluste und Klagegründe (sei es aus Vertrag, unerlaubter Handlung oder anderweitig) in keinem Fall den Betrag, den Sie uns gegebenenfalls für die Nutzung unserer Dienste gezahlt haben Dienstleistungen, falls vorhanden. Und durch die Nutzung unserer Website erklären Sie sich ausdrücklich damit einverstanden, uns nicht für Konsequenzen haftbar zu machen, die sich aus Ihrer Nutzung unserer Dienste oder der darin bereitgestellten Informationen zu irgendeinem Zeitpunkt oder aus irgendeinem Grund ergeben, unabhängig von den Umständen.

Haftungsausschluss für spezifische Ergebnisse. Unser Ziel ist es, Ihnen durch Bildung und Investitionen dabei zu helfen, die Kontrolle über Ihr finanzielles Wohlergehen zu erlangen. Wir bieten Strategien, Meinungen, Ressourcen und andere Dienstleistungen, die speziell darauf ausgelegt sind, den Lärm und den Hype zu durchbrechen und Ihnen dabei zu helfen, bessere persönliche Finanz- und Anlageentscheidungen zu treffen. Es gibt jedoch keine Garantie dafür, dass eine Strategie oder Technik zu 100 % wirksam ist, da die Ergebnisse von Person zu Person sowie von der Anstrengung und dem Engagement, die sie zur Erreichung ihres Ziels unternehmen, unterschiedlich sein können. Und leider kennen wir Sie nicht. Daher erklären Sie sich mit der Nutzung und/oder dem Kauf unserer Dienste ausdrücklich damit einverstanden, dass die Ergebnisse, die Sie durch die Nutzung

dieser Dienste erhalten, ausschließlich Ihnen überlassen sind.
Darüber hinaus erklären Sie sich ausdrücklich damit
einverstanden, dass sämtliche Risiken der Nutzung und
etwaige Folgen einer solchen Nutzung ausschließlich bei
Ihnen liegen. Und dass Sie zu keinem Zeitpunkt oder aus
irgendeinem Grund versuchen werden, uns haftbar zu
machen, unabhängig von den Umständen.

Gemäß den gesetzlichen Bestimmungen können und werden
wir keine Garantie dafür geben, dass Sie durch die Nutzung
der über unser Buch erworbenen Dienste bestimmte
Ergebnisse erzielen können. Nichts auf dieser Seite, unserem
Buch oder einer unserer Dienstleistungen ist ein Versprechen
oder eine Garantie für Ergebnisse, einschließlich der Tatsache,
dass Sie einen bestimmten Geldbetrag oder überhaupt Geld
verdienen werden. Sie verstehen auch, dass alle Investitionen
mit einem gewissen Risiko verbunden sind Sie können beim
Investieren tatsächlich Geld verlieren. Dementsprechend
dienen alle in unserem Buch genannten Ergebnisse in Form
von Erfahrungsberichten, Fallstudien oder auf andere Weise
lediglich der Veranschaulichung von Konzepten und sollten
nicht als durchschnittliche Ergebnisse oder Versprechen für
tatsächliche oder zukünftige Leistungen betrachtet werden.

Urheberrecht und andere Haftungsausschlüsse:

Dieses Buch, „Day Trading with Robinhood: Trade Like a Pro",
ist ein unabhängig veröffentlichtes Werk und steht in keiner
Verbindung zu Robinhood Markets, Inc. oder einer seiner
Tochtergesellschaften oder verbundenen Unternehmen, wird
von diesen nicht unterstützt oder gesponsert. Der Autor und
Herausgeber dieses Buches steht in keiner Verbindung oder
Verbindung zur Robinhood-App, und alle in diesem Buch
geäußerten Meinungen, Ansichten oder Strategien sind
ausschließlich die des Autors und stellen nicht die Meinungen
oder Standpunkte von Robinhood Markets, Inc. dar seine

Tochtergesellschaften. Die in diesem Buch bereitgestellten Informationen dienen ausschließlich Bildungs- und Informationszwecken und sollten nicht als Finanz-, Anlage- oder professionelle Beratung betrachtet werden. Den Lesern wird empfohlen, vor einer Investitionsentscheidung einen lizenzierten Finanzexperten zu konsultieren.

Allgemeiner Haftungsausschluss: Die in diesem Buch vorgestellten Informationen, Strategien und Techniken dienen ausschließlich Bildungs- und Informationszwecken. Sie stellen keine Finanz-, Anlage-, Steuer- oder Rechtsberatung dar. Der Autor und der Herausgeber haften nicht für finanzielle Verluste oder andere Schäden, die durch die Anwendung der in diesem Buch enthaltenen Informationen entstehen können. Bevor Anleger Investitions- oder Handelsentscheidungen treffen, sollten sie sich an einen lizenzierten Finanzexperten wenden.

Risikoausschluss: Investitionen in und Handel mit Aktien, Optionen, ETFs und anderen Finanzinstrumenten bergen inhärente Risiken und sind möglicherweise nicht für alle Anleger geeignet. Der Wert von Anlagen kann steigen oder fallen, und Anleger können ihr Kapital verlieren. Die Wertentwicklung in der Vergangenheit lässt keinen Rückschluss auf zukünftige Ergebnisse zu. Der Autor und Herausgeber dieses Buches übernimmt keine Garantie für bestimmte Ergebnisse oder Resultate aus der Verwendung der hier besprochenen Strategien und Techniken.

Erfahrungsberichte und Beispiele: Alle in diesem Buch präsentierten Erfahrungsberichte, Fallstudien oder Beispiele dienen nur der Veranschaulichung und garantieren nicht, dass die Leser ähnliche Ergebnisse erzielen. Der individuelle Erfolg beim Trading hängt von verschiedenen Faktoren ab, darunter der persönlichen finanziellen Situation, der Risikotoleranz und der Fähigkeit, die besprochenen Strategien und Techniken konsequent anzuwenden.

Urheberrechtshinweis: Alle Rechte vorbehalten. Kein Teil dieser Veröffentlichung darf ohne die vorherige schriftliche Genehmigung des Herausgebers in irgendeiner Form oder mit irgendwelchen Mitteln, einschließlich Fotokopie, Aufzeichnung oder anderen elektronischen oder mechanischen Methoden, reproduziert, verbreitet oder übertragen werden, außer im Fall kurzer Zitate in kritischen Rezensionen und bestimmten anderen nichtkommerziellen Nutzungen, die durch das Urheberrecht zulässig sind.
Marken: Alle in diesem Buch erwähnten Produktnamen, Logos und Marken sind Eigentum ihrer jeweiligen Inhaber. Die Verwendung dieser Namen, Logos und Marken bedeutet keine Billigung oder Zugehörigkeit zu den jeweiligen Eigentümern.

www.ingramcontent.com/pod-product-compliance
Lightning Source LLC
Chambersburg PA
CBHW070947250726
48663CB00002B/112